Translation

翻訳と語用論

Pragmatics

龍谷叢書XLII

Translation

翻訳と語用論

東森　勲 ［著］
Isao Higashimori

Pragmatics

開拓社

ま　え　が　き

　本書は，Sperber and Wilson (1986, 1995²) による人間の認知とコミュ
ニケーションに関する言葉によるコミュニケーション (verbal communi-
cation) 全体を支配する原理原則，「関連性」を用いて，翻訳も意図明示伝
達の1つと考え，推論を用いた認知語用論 (cognitive pragmatics) で得
た知見を用いて，翻訳の諸現象を説明しようとするものである．マンガ，
ジョーク，映画，ことわざ，仏教用語などの日英・英日翻訳をデータとし
て用いる．

　以下の例のように，日英語の翻訳でなぜ違っているかを検討する．

(1)　サツキ：（農夫に話しかける）すいません，おじいさん．あの，
　　　この道をちいさな女の子が通らなかったですか．私の妹なの．

　　　　　　　　　　　　　　　　　　　　　　　　（『トトロ』1, p. 92）

英訳　SATSUKI: (calling to a farmer) I'm sorry to bother you, but
　　　you, well you haven't seen a little girl come by this way, have
　　　you? She's my sister, about 5 years old.　（字幕）

(2)　はらかけ　自分で洗うんだよ　はかま

　　　　　　　　　　　　　　　　　　　　（『千と千尋の神隠し』2, p. 143）

英訳　Here's your apron. You have to wash it yourself. Your pants.

　　　　　　　　　　　　　　　　　　　　　　（*Spirited Away* 2, pp. 141-2）

(3)　お父さーん!!　　　　　　　　　　　（『魔女の宅急便』1, p. 24）

英訳　Dad! Guess what!　　　　　　　　（*Kiki's Delivery Service 1*, p. 22）

(4)　さっき決めたの!!　　　　　　　　　（『魔女の宅急便』1, p. 24）

v

| 英訳 | Yeah, there's full moon. | (*Kiki's Delivery Service 1*, p. 22) |

序論では海外と日本における翻訳の現状を関連性理論から概観する.

日本語から英語への翻訳では『サザエさん』や『ゴーストハント』など多くのマンガの英訳とその問題点を検討する. 英語ジョークの翻訳, 日英語ことわざの翻訳, ことば遊びの翻訳, 外行語の翻訳 仏教用語の翻訳などを扱う.

翻訳と言えば, 日英語の翻訳では〈英語ありき, 日本語を求める〉＝英日翻訳,〈日本語ありき, 英語を求める〉＝日英翻訳のように世の翻訳本などは書いているようであるが, 翻訳とは何かという一般的な説明原理が欠けていることが問題である. 一貫した理論がないことが翻訳を扱う上での大問題である. 個別の作家の翻訳とか, 個別の翻訳メソッドが多く展開されているが, 本書では, 表意, 推意, 語彙語用論, 句語用論など最新の関連性理論の言葉によるコミュニケーション全般を支配している規則を用いて, あらゆる翻訳を一般のコミュニケーションの1例にすぎないものとして説明を試みる. 関連性理論を用いた翻訳に関する本, 論文は, イギリス中心にヨーロッパ, 特にスペインなどでさかんであるが, 日本では, 本格的研究はまだまだである. アメリカ語用論学会も, ようやく2016年の大会で翻訳を取り上げ, pragmatic equivalence (語用論的等価) をテーマに議論したようである.

なお, 本書は以下の筆者の口頭発表, 論文, 辞書などを大きく修正し, また新しい情報を加えて全面的に書き直したものである.

口頭発表:

1. 翻訳と関連性理論について, 日本通訳翻訳学会, 翻訳研究分科会専門部会にて講演 (神戸女学院大学にて) 2009.8.30

2. Some Pragmatic Issues on Japanese Comic Translation into English: A Relevance-Theoretic Account, Korean Association of Translation

Studies International Conference, 2013.10.18（ソウル，韓国外国語大学
にて）

3. 関連性理論に基づく日英語の翻訳可能性について：アニメ翻訳から
ジョーク翻訳まで，日本英文学会関西支部第8回大会招待発表（龍谷大
学にて）2013.12.22

4. Metaphor and Context in Anti-Proverbs: A Relevance-Theoretic Account Metaphor Festival 2017（オランダ，Amsterdam 大学にて）
2017.8.31

5. Understanding Anti-Proverbs: A Relevance-Theoretic Account Beyond Meaning Conference（ギリシャ，Athens 大学にて）2017.9.15

論文：

1. 「関連性理論と仏教用語の意味変化」（『龍谷大学仏教文化研究所紀要』
第44集，2005, 1-20)

2. 「仏教用語の英訳と関連性理論」（『龍谷大学仏教文化研究所紀要』第
45集，2006, 1-19)

3. 「仏教に基づくことわざの関連性理論による分析」（『龍谷大学仏教文
化研究所紀要』第47集，2008, 1-22)

4. 「日英翻訳ソフトによる仏教用語の翻訳可能性について」（『龍谷大学
仏教文化研究所紀要』第49集，2010, 1-29)

5. 「仏教と翻訳可能性について：関連性理論による分析」（『龍谷学会論
集』2012, 57-118)

6. 「日本語から英語への借用語と意味変化について：関連性理論による
分析」（『龍谷大学国際社会文化研究所紀要』2014, 299-336)

7. 「手塚治虫『ブッダ』(BUDDA) 英訳の研究：関連性理論による分析」
（『龍谷大学仏教文化研究所紀要』第54集，2015, 17-52)

8. 「日英語のことわざの語用論的等価を求めて」（『龍谷大学グローバル
教育推進センター研究年報』2016, 63-86)

辞書：

1. 『英語学・言語学用語辞典』 2015, 開拓社（語用論項目の編者，執筆者　東森勲）

　本書出版は，2015 年度龍谷大学特別研究員としての研究成果の公開である．印刷にあたっては，開拓社の川田賢氏にはたいへんお世話になりました．また，筆者が 1983 年にアメリカ言語学会 Linguistic Institute (UCLA) で pragmatics の授業を受けてから，2017 年 9 月ギリシャでの学会まで常に貴重なコメントをしていただいたロンドン大学名誉教授 Deirdre Wilson には特に感謝したい．

　　京都龍谷大学大宮研究室にて

目　次

まえがき　v

I　基礎編

序章　翻訳とはなにか･･････････････････････････････････ 2

第1章　表意・推意と翻訳･･･････････････････････････ 12

　1.1.　表意と翻訳 ･････････････････････････････････ 12
　　1.1.1.　あいまい性の除去 (disambiguation)：表意形成 1 ･･･････ 12
　　1.1.2.　飽和 (saturation)：表意形成 2 ･････････････････ 13
　　1.1.3.　自由な語用論的拡充 (free enrichment)：表意形成 3 ･･････ 16
　　1.1.4.　Ad hoc 概念形成：表意形成 4 ･･･････････････ 17
　1.2.　推意と翻訳 ･････････････････････････････････ 25
　1.3.　推意のさらなる分析へ ･･････････････････････ 27
　　1.3.1.　エコー的用法と翻訳 ･･････････････････････ 27
　　1.3.2.　祝詞と翻訳 ･･･････････････････････････････ 27
　　1.3.3.　京都弁と翻訳 ･･･････････････････････････ 28

第2章　語彙語用論・句語用論と翻訳･･････････････ 29

　2.1.　語彙語用論 (Lexical pragmatics) と翻訳 ･･････････ 29
　2.2.　句語用論 (phrasal pragmatics) と翻訳 ･････････････ 33

ix

II　ケーススタディー

第3章　翻訳とことわざ………………………………… 40

　3.1.　ことわざ翻訳のタイプ …………………………… 40
　3.2.　日本語ことわざの英訳 …………………………… 41
　　3.2.1.　〈日本語ことわざ〉一を聞いて十を知る ………… 41
　　3.2.2.　〈日本語ことわざ〉暑さ寒さも彼岸まで ………… 42
　　3.2.3.　〈日本語ことわざ〉三つ子の魂百までの英訳 ……… 43
　　3.2.4.　〈日本語のことわざ〉仏の顔も三度（まで）……… 44
　　3.2.5.　〈日本語ことわざ〉出る杭は打たれる ………… 45
　3.3.　『ブッダ』からの翻訳の具体例 …………………… 47
　3.4.　日本文化のことわざ …………………………… 48
　　3.4.1.　言わぬが花の英訳 ………………………… 48
　　3.4.2.　沈黙は金の英訳 …………………………… 49
　　3.4.3.　口は災いの元の英訳 ……………………… 50
　　3.4.4.　以心伝心の英訳 …………………………… 51
　3.5.　ことわざの拡張用法と翻訳 ……………………… 52
　　3.5.1.　ことわざの拡張した用法（1）……………… 53
　　3.5.2.　ことわざの拡張した用法（2）……………… 53
　　3.5.3.　豊田（2003）『英語しゃれ辞典』による創造的ことわざと
　　　　　翻訳の例 ………………………………… 54
　3.6.　時代とともに意味を誤解しやすいことわざ ……… 57
　　3.6.1.　灯台もと暗しの英訳 ……………………… 57
　　3.6.2.　馬子にも衣装の英訳 ……………………… 58
　　3.6.3.　瓢箪から駒の英訳 ………………………… 58
　3.7.　おわりに ………………………………………… 59

第4章　翻訳とジョーク………………………………… 61

　4.1.　日本語訳の問題 ………………………………… 62
　4.2.　音の類似と訳の問題 …………………………… 64
　4.3.　メタ言語の問題 ………………………………… 65
　4.4.　内容理解不可能（語彙・異文化などの問題）……… 65

| 4.5. | 笑えなくて問題（ジョークの範囲の問題）‥‥‥‥‥‥‥‥‥‥ | 65 |

4.6. 豊田（2003）『英語しゃれ辞典』p. 20, p. 25, p. 197 の例 ‥‥‥ 68

第5章 翻訳と外行語 ‥‥‥‥‥‥‥‥‥‥‥‥‥‥‥‥‥‥‥‥‥ 74

5.1. 外行語とは ‥‥‥‥‥‥‥‥‥‥‥‥‥‥‥‥‥‥‥‥‥‥‥ 74

5.2. 海外での日本語の使用状況 ‥‥‥‥‥‥‥‥‥‥‥‥‥‥‥‥ 74

5.3. 関連性理論での説明 ‥‥‥‥‥‥‥‥‥‥‥‥‥‥‥‥‥‥‥ 76

5.4. 日本語でのもとの意味とは変化して用いられている外行語
の例 ‥‥‥‥‥‥‥‥‥‥‥‥‥‥‥‥‥‥‥‥‥‥‥‥‥‥‥ 78

5.5. 日本語から英語への翻訳の実例 ‥‥‥‥‥‥‥‥‥‥‥‥‥‥ 79

第6章 翻訳とことば遊び ‥‥‥‥‥‥‥‥‥‥‥‥‥‥‥‥‥‥‥ 83

6.1. サラリーマン川柳の英訳 ‥‥‥‥‥‥‥‥‥‥‥‥‥‥‥‥‥ 84

6.2. 俳句の英訳 ‥‥‥‥‥‥‥‥‥‥‥‥‥‥‥‥‥‥‥‥‥‥‥ 86

6.3. 『ブッダ』の中での手塚治虫のことば遊び ‥‥‥‥‥‥‥‥‥‥ 86

第7章 翻訳と仏教 ‥‥‥‥‥‥‥‥‥‥‥‥‥‥‥‥‥‥‥‥‥‥ 89

7.0. はじめに ‥‥‥‥‥‥‥‥‥‥‥‥‥‥‥‥‥‥‥‥‥‥‥‥ 89

7.1. 仏教用語と音の類似性（Gach（2004））‥‥‥‥‥‥‥‥‥‥‥ 90

7.2. 仏教用語と統語・語彙形式の類似性 ‥‥‥‥‥‥‥‥‥‥‥‥ 90

7.3. 語用論的拡充（Pragmatic enrichment）と仏教用語・仏教テ
キストの翻訳について ‥‥‥‥‥‥‥‥‥‥‥‥‥‥‥‥‥‥‥ 92

7.4. 仏教用語と命題内容の類似性 ‥‥‥‥‥‥‥‥‥‥‥‥‥‥‥ 93

7.5. 仏教用語のデータと英訳について ‥‥‥‥‥‥‥‥‥‥‥‥‥ 94

7.5.1. 仏教に関する翻訳と英和辞書作成について ‥‥‥‥‥‥ 94

7.5.2. 英国で作成された辞書と仏教用語について ‥‥‥‥‥‥ 95

7.5.3. 仏教用語と身近なところに見られる英訳について ‥‥‥ 96

7.5.4. 本格的な仏教用語や仏教のお経の英訳 ‥‥‥‥‥‥‥‥ 101

7.5.5. おわりに ‥‥‥‥‥‥‥‥‥‥‥‥‥‥‥‥‥‥‥‥‥ 104

xii

第8章　翻訳の残された諸問題 ···························· 111

8.1.　日本文化独特な表現の英訳 ····················· 111
8.2.　日本語方言の英訳の問題 ······················· 113
　8.2.1.　大阪弁 ····························· 113
　8.2.2.　京都弁 ····························· 114
　8.2.2.　沖縄方言（ことわざ）の翻訳 ················· 115
8.3.　へたくそな日本人英語の英訳 ····················· 116
8.4.　早口言葉の英訳 ···························· 116
8.5.　決まり文句（定型句）の英訳 ····················· 116
8.6.　日本語環境 → 英語環境へのスライド ················· 116
　8.6.1.　日本語環境（英語）→ 英語環境（スペイン語） ······· 116
　8.6.2.　有名な地名 ·························· 117
　8.6.3.　有名な人名，日本特有の動植物 ················ 117
8.7.　反転されたイメージの問題 ······················ 118
8.8.　日本語のアバウトな表現，英語は具体的表現 ············· 118
8.9.　英訳で日本語と異なる内容に変更 ··················· 119
8.10.　（　）によるオリジナルの説明箇所の英訳 ············· 119
8.11.　仏教思想の英訳の問題点 ······················ 120
8.12.　婉曲表現の日本語と翻訳 ······················ 120
8.13.　翻訳とコードシステムの限界 ···················· 121
8.14.　訳語の問題 ····························· 121

おわりに ······································· 123

1.　Amazon Polly による翻訳について ··················· 123
2.　VoiceTra による翻訳 ························· 124
3.　その他 ································ 125
　3.1.　映画のタイトルの翻訳 ······················ 125
　3.2.　絵本の翻訳 ·························· 125
　3.3.　竹村（2013: 26-32）『般若心経は英語で読むとよくわかる』 ······ 126
　3.4.　大阪弁の翻訳 ························· 127
　3.5.　塚田（2017: 14）『日本国憲法を口語訳してみたら』 ········ 129
　3.6.　島袋（1983: 55）『諺に見る沖縄の心』 ·············· 129
　3.7.　手続き的意味と翻訳 ······················ 129

参考文献 ……………………………………………………………… 131

例文の出典 ………………………………………………………… 141

索　　引 …………………………………………………………… 147

I

基礎編

序章

翻訳とはなにか

　翻訳 (translation) とは，英語と日本語のように異なる言語間 (interlin-gual) あるいは，日本語の標準語と大阪弁のように同一言語間 (intralin-gual) での類似性 (resemblance) に基づく，解釈的用法 (interpretive use)における二次的コミュニケーションである．二次的コミュニケーションとは，もとの言語 (source language) から翻訳した人 (translator) と翻訳された言語 (target language) を理解する二次的聞き手 (secondary au-dience) とのコミュニケーションであるといえる (cf. Gutt (2000))．

　日英翻訳のときは，日本語有り，英語をもとめる，英日翻訳のときは英語有り日本語もとめるという精神であるが，一般にイタリア語の表現では翻訳者は裏切り者 (tradutorre traditore) と言われている．

翻訳に対する従来の考え方とはなにか？

　Nae (2004: 103-107) によると翻訳には次のような立場がある：i) のように翻訳は不可能とする立場，ii) のように翻訳とは伝達としての情報を訳すのがまず第1という立場，iii) のように明示的意味以外に，暗に伝わるニュアンスまで翻訳すべきという立場，iv) のように翻訳は二次的伝

2

達であり，類似性にもとづき原語から別の言語に翻訳するという立場があ
る．

i) As many translation theorists pointed out, the main difficulty lies not in language differences, but in cultures and value systems, which made B. L. Whorf (1976) conclude that translation is impossible.

ii) A faithful or accurate translation must be first and foremost communicative rather than strictly semantically correct.

iii) Translation requires ability to "read through the lines", that is, to understand and interpret not only the overt meanings, but also the covert meanings or the fine nuances of the utterances.

iv) Translation can be viewed as secondary information, being a sort of imitation into a target language and culture of information produced into a source language and culture for the benefit of source language users.

また，Xosé Rosales Sequeiros (2005: Chapter 1) によると，次のような
分類となる：

i) 理論的ではない翻訳へのアプローチ (Non-theoretical approaches to translation)
Steiner (1975: 295) Translation is not a science, but rather an art.
Newmark (1988: 19) translation is neither a theory nor a science
このアプローチの問題点は研究範囲に制限があり，説明力にも限界があることである．
Newmark has been criticized for his strong prescriptivism, and

the language of his evaluations still bears traces of what he himself calls the 'pre-linguistics area' of translation studies.

(Munday (2008: 46) *Introduction to Translation Studies: Theories and Applications*, Rougtledge)

ii) より理論的な翻訳へのアプローチ

ii.1) 複数の学問分野（言語学，文学，文化研究，文化人類学など）を用いた翻訳へのアプローチ（multidisciplinary approach）
このアプローチの問題点は翻訳に関する一貫した，体系的な説明ができないことである．

ii.2) 等価性に基づくアプローチ（equivalence-based approach）
Baker (1992: 5-6)：equivalence is adopted ... for the sake of convenience—because most translators are used to it rather than because it has any theoretical status.
Munday (2008)：Equivalence, in the context of translation, implies that the aim of a translation is to produce a target language text which is equivalent to the original language text.
From a pragmatic point of view, it has made it possible to include equivalence features at the pragmatic level (such as reference, coherence, implicatures, pragmatic maxims, etc.)

このアプローチの問題点は，最終的には構造主義による翻訳理論あるいは，コミュニケーションのコードモデルに基づくアプローチで翻訳を説明することになり，記述的であるが，説明的翻訳理論とはならないし，等価性の基準が十分でないことである（cf. 本書 8.13, Gutt (2000: Chapter 1)，河原 (2017))．

iii) 関連性理論に基づくアプローチ（翻訳への統合したアプローチ）
(Relevance-Theoretic approach to translation (a unified ap-

proach to translation))

関連性理論による翻訳に対する基本的考え方を以下の引用で示すと，a) は関連性理論の提唱者 Sperber and Wilson によると，コミュニケーションを分析する関連性理論以外に翻訳だけを説明する特別な翻訳理論は不要という立場である．b) では直訳はむしろ特別な場合であり間接的な翻訳のほうが普通であり，原語表現と翻訳する言語表現間には類似性があると考える．c) は関連性理論により原語表現と翻訳する言語間には解釈的類似性があると考える．

a) the phenomenon commonly referred to as "translation" can be accounted for naturally within the relevance theory of communication developed by Sperber and Wilson (1986): there is no need for a distinct general theory of translation. Most kinds of translation can be analysed as varieties of interpretive use.

(Gutt (2003))

b) Indirect translation involves looser degrees of resemblance. Direct translation is merely a special case of interpretive use, whereas indirect translation is the general case. (Gutt (2003))

c) Translation is a special form of communication, aimed at establishing interpretive resemblance between the source text and the target text, governed by the principle of optimal resemblance. (Sperber and Wilson (1986); Gutt (1991))

関連性理論による翻訳に対する基本的考え方 (Gutt (2000: 199-237)):

i) 翻訳とはまず第 1 に伝達行為の一種であり，（異なる言語間あるいは同一言語の 2 つの変種間での）言語境界を越えた解釈的用法

の適用である.

Translation is seen as just one more instance of verbal communication, with the particularity that it involves two languages. Thus from this point of view, translation can be studied fully within pragmatics (which thereby becomes its proper theoretical domain). (Gutt (2000: 237))

ii) 翻訳の現象は，意図明示伝達という一般原理で説明可能で，翻訳のためだけに特別な翻訳理論を立てる必要がない.
given the general framework of relevance theory, no special, additional concepts or theoretical tools are needed to accommodate translation. There is no need for a theory of translation as such. (Gutt (2000: 237))

iii) 関連性理論による翻訳の研究は理論的説明をめざしているため，翻訳現象がどのように行われているかという説明に力点がある.

iv) 関連性理論は先行研究とは異なり，翻訳とはただ1種類（uniqueness）あるだけという特徴づけをする.

v) 翻訳とは，言語間の間接話法とか直接または間接引用（interlingual reported speech or quotation）として，原文作家が述べたり，書いたりしたことを，訳文の読み手に伝えることにより関連性を達成することである.

vi) 翻訳されたテキスト（the translated text）は，別の言語で表現した原文作者（the original author）がもっている思考の解釈を，翻訳者がさらに自分の思考に基づき解釈したものである.

vii) 直訳（direct translation）は解釈的用法の特殊な場合で，原文と訳文が100%の解釈的類似性をもつ場合である.

> A direct translation is a a translation that purports to achieve complete interpretive resemblance between target and original text. 　　　　(Gutt (2000: 35ff), Sperber and Wilson (1995: 224ff))

viii) 関連性理論の翻訳の定義によれば，翻訳者は自分自身の解釈的意図を伝達するが，明示的に伝達することは必ずしも必要なく，状況に応じて，単に推意によって伝達することも可能である．

ix) 関連性理論の翻訳には，phonemic translation, interlinear translation, covert translation も射程の中に入っている．

x) 翻訳の定義は伝達ということに十分動機づけをもつもので，間接・直接引用は異なる言語間の伝達の現象としてはごく普通である．それゆえ，人間が異なる言語間でも類似した伝達の仕方を用いているので理解可能である．

xi) 初期の翻訳理論が行き詰まったのはコードモデルに基づいていたからであり，それに対して認知と伝達に基づく関連性理論のほうが説明力がある．

xii) 関連性理論内には複雑性があるが，翻訳の概念そのものは簡単なものである．

（なお，Gutt の理論に対する批判については河原（2017: 158-169）参照）

翻訳と関連性理論の最近の動向：

Translation and Lexical Pragmatics（翻訳と語彙語用論）

　A Unified Theory of Lexical Pragmatics (2003-2007)

　　http://www.phon.ucl.ac.uk/home/lexprag07/

Translation and Phrasal Pragmatics（翻訳と句語用論）

　Vega Moreno, Rosa E. (2007) *Creativity and Convention: The Prag-*

8   I 基礎編

matics of Everyday Figurative Speech, John Benjamins

Translation and Interlingual Pragmatic Enrichment（翻訳と異なる言語間の語用論的拡充）

> Sequeiros, Xosé Rosales（2005）*Effects of Pragmatic Interpretation on Translation: Communicative Gaps and Textual Discrepancies.* Lincolm, Munich.

Translation and Interpretive Resemblance（翻訳と解釈的類似性）

> Gutt, Ernst-August（2000）*Translation and Relevance: Cognition and Context*（2nd edition）. St. Jerome, Manchester.

Translation and Cognition（翻訳と認知）

> Alves, Fábio and José Luiz V. R. Gonçalves（2003）"A relevance theory approach to the investigation of inferential processes in translation."（推論よる翻訳理論について）

> Alves, Fábio, José Luiz V. R. Gonçalves and K. S. Szpak（2012）"Identifying instances of processing effort in translation through heat maps: An eye-tracking study using multiple input sources."（処理労力（processing effort）と翻訳について）

> Alves, Fábio, José Luiz V. R. Gonçalves and K. S. Szpak（2014）"Some thoughts about conceptual/procedural distinction in translation: A key-logging and eye-tracking study of processing effort."（処理労力と概念的・手続き的区別と翻訳について）

> Alves, Fábio and José Luiz V. R. Gonçalves（2015）"Investigating the conceptual-procedural distinction in the translation process: A relevance-theoretic analysis of micro and macro translation units."（概念的・手続き的区分と翻訳について）

> John W. Scwieter, Aline Ferreira（2017）*The Handbook of Translation and Cognition*（Blackwell Handbooks in Linguistics）, Oxford: Blackwell の中で, Celia Martin de Leon 'Mental representations'

106–126 では 'symbolic representations in cognitive science from a relevance theory perspective' が議論されている.

Pal Helta (2008) "The performance of relevance theory in translation studies." in Ewa Wałaszewska, Marta Kiseilewska-Krysiuk, Aniela Korzeniowska and Malkorzata Grzegorzewska (eds.) *Relevant Worlds: Current Perspectives on Language, Translation and Relevance Theory*. Cambridge Scholars Publishing. 156–170.

解釈的類似性の様々な関係と具体例

(A)　音の類似性 (Resemblance in sound)：

(B)　音声・音韻的類似性 (Resemblance in phonetic or phonological form)

(C)　統語・語彙形式の類似性 (Resemblance in syntactic or lexical form)

(D)　命題内容の類似性 (Resemblance in propositional content)

日常使用している日本語と英語との類似性をみると，

(A)　言語音の類似性：枝などが「ポキッ」とおれる音をまねて食べ物に Pocky と命名するような場合.

(B)　音声的, 音韻的類似性：明治初期の米国人作成の辞書で「おはよう」の発音を Ohio,「おまえ」の発音を Oh, my とするような場合.

(C)　統語的, 語彙的類似性：「天下り」を descent from heaven と逐語訳するような場合.

(D)　命題内容の類似性：「駅伝」を long-distance relay road race と意訳するような場合.

いわゆる逐語訳の場合は統語形式・語彙形式の類似性に基づき説明でき

10   I 基礎編

る．（1a）では日本語の「自立」から英語 independence への語レベルの翻訳，（1b）は英語の the nail that sticks up is hammered down を日本語のことわざ「出るくぎは打たれる」（本来は「出るくい（杭）は打たれる」）への翻訳，（1c）はピカチュウの英語への翻訳 lightning mouse，（1d）日本語プリクラの英語への翻訳 print clubs，（1e）は日本語のテレビ番組のタイトル「ひとりでできるもん」の英語への翻訳である．

(1) a. Broderick: They're vaguely looking for something, which they call *jiritsu, or independence.*

　　　　　　　（『インタビューフラッシュ日本編1』1993, p. 102）

　　b. Krisher: No, partly because of *the nail that sticks up is hammered down* — "*deru kugi* [sic] *wa utareru*" —which *doesn't give the Japanese much opportunity to a*ctually become stars.   （『インタビューフラッシュ日本編1』1993, p. 38）

　　c. "Pikachu is a '*lightning mouse,*'" said the professor.

　　　　　　　　　　　　　　　　　　　　　　（*Pokemon,* p. 11）

　　d. *Purikura, or Print Clubs*, are as requisite for Japanese teenagers as loose socks and Tamagotchi.

　　　　　　　　　　　　　　　　（*Mangazine*, No. 70, 1997, p. 12）

　　e. NHK's *Hitori de Dekiru Mon* ("*I Can Do It Myself*") teaches cooking and nutrition to children like little Mai-chan, above.   （*Mangazine*, No. 70, 1997, p. 32）

次に日常語で，漱石の『こころ』に出てくる日本文化の用語．〈浴衣〉と〈蚊帳〉の英訳についてみると，

タイプⅠ：英語に借用語のある場合：例〈浴衣〉

　例（2）の日本語から英語への翻訳の場合に，〈浴衣〉の例のように，（3）の英語でも〈yukata〉と借用語となっているものと，意味を説明して英訳

した (4) <u>a kind of Japanese kimono worn by men and women in summer.</u> (5) 〈Japanese summer dress〉の意訳もある.

(2)　純粋の日本の<u>浴衣</u>を着ていた彼は, ...

英訳 a)　He had been wearing a real Japanese <u>yukata</u>.

　　 b)　He had been wearing <u>a kind of Japanese kimono worn by men and women in summer.</u>

　　 c)　He had been wearing a <u>Japanese summer dress.</u>

タイプ II：英語に借用語のない場合：例〈蚊帳〉

例 (3) では〈蚊帳〉は英語では直接借用語としての kaya という語はないので, Mosquito-curtain, mosquito net のように意味を英訳している（cf. 外行語）.

(3)　私は兄と一緒に<u>蚊帳</u>の中に寝た

英訳 a)　I slept under the same <u>mosquito-curtain</u> as my brother.

　　 b)　My brother and I slept under the same <u>mosquito net.</u>

第 1 章

表意・推意と翻訳

1.1. 表意と翻訳

翻訳タイプ 1：原文表意→翻訳表意

翻訳タイプ 2：原文表意→翻訳推意

表意を形成するには以下の 4 種類がある.

1.1.1. あいまい性の除去 (disambiguation)：表意形成 1

翻訳タイプ 1：原文表意→翻訳表意

日本語 (Source Language = SL)，日本語原文 (Source Text = ST)

(1) 麻衣，ぼくは<u>車</u>に戻る (GH, p. 112) <u>日本語表意 (ST Explicature)</u>

英訳 (Target Text = TT) <u>英語表意 (TT Explicature)</u>

Mai, I'm going to <u>the van</u>.

説明： 日本語の「車」を英語では van と英訳しているのは，語用論的操作で，日本語の表意で，「車」から「バン」へと曖昧性除去し，英訳はその日本語の表意を英訳している.

第1章　表意・推意と翻訳　　　　13

(2)　絵本にでていた　　　　　　　　　　　　　　（トトロ, p. 59）

英訳　Like the ones in my book?　　　　　　（Totoro, p. 57）

説明：　日本語の「絵本」を英語では，book と英訳している．語用論的
　　　　操作で，日本語の表意で，「絵本」から「本」へと曖昧性除去し，
　　　　英訳はその日本語の表意を英訳している．

(3)　生まれつきこの子はこうなのだ　　　　（ブッダ2巻, p. 176）

英訳　This boy has been weak since birth　　（Vol. 2, p. 26）

説明：　日本語表意は「こうなのだ」を語用論的により明示的にあいまい
　　　　さをなくし，「からだが弱い」として，英訳では，その表意を
　　　　weak と英訳している．

1.1.2.　飽和 (saturation)：表意形成2

　語用論的操作で欠けている論理的要素（主語・目的語・動詞など）［　］
を補う場合：

主語補充の場合

(4)　出たーっ出たーーっっ　　　　（GH, p. 7）（以下 GH＝*Ghost Hunt*）
　　　日本語の表意：［幽霊が］でた，［幽霊が］でた

英訳　A ghost is here!　A ghost is here!

説明：　日本語表意では主語は明示されていないので，「幽霊が」を補っ
　　　　て，英訳では a ghost がはいって英訳されている．

(5)　砂あらしや竜巻が吹きまくり草は枯れ水はひあがる

　　　　　　　　　　　　　　　　　　　　　　（ブッダ1巻, p. 155）

英訳　Sandstorms and tornadoes swirl, grass and trees wilt, rivers run
　　　dry　　　　　　　　　　　　　　　　　（Vol. 1, p. 157）

説明：　日本語表意では主語は明示されていないので，「川は（＝rivers）」
　　　　を補って，英訳では川は水が干上がるとなっている．Cf. Ampli-

fication: The TL uses more words, often because of syntactic expansion, e.g. the charge against him> the charge *brought* against him. (Munday (2012: 89))

以下は，日本語表意に主語が補われて英訳が行われた例：

(6)　恐ろしい気がします　　　　　　　　　　　（ブッダ2巻，p. 99)

英訳　Your words scare me …　　　　　　　　　（Vol. 1, p. 343)

(7)　とにかくわたしは見たの　　　　　　　　　　（GH, p. 23)
　　　日本語の表意：とにかくわたしは［それらを］見たの

英訳　I just know I saw them!

(8)　そして気味悪い声が　　　　　　　　　　　　（GH, p. 4)
　　　日本語の表意：そして気味の悪い声が［彼女には聞こえてきた］

英訳　After a few moments, she heard a scary voice asking her …

(9)　〈おばあさんが子供に井戸水をくむように言っている場面で〉水
　　　がつめたくなるまで　　　　　　　　　　　（トトロ, p. 105)
　　　日本語の表意：水がつめたくなるまで［やめないで］

英訳　Don't stop until the water gets cool.　　　（Tororo, p. 103)

(10)　最後ミチルだよ　　　　　　　　　　　　　　（GH, p. 4)

英訳　Michiru.　It's your turn.

指示付与の場合：

(11)　旅のおかた都へおゆきかえ　　　　　　　　（ブッダ3巻, p. 52)

英訳　Are you on the way to Magadha?　　　　（Vol. 2, p. 130)

説明：　日本語の「都」は英語では指示対象を固有名詞で Magadha とし
　　　ている．

第 1 章　表意・推意と翻訳　　　　15

(12)　私はアシタさまのご命令で人をさがしているのです.

（ブッダ 1 巻, p. 91）

英訳　I am searching for someone at his orders.　　（Vol. 1, p. 93）

説明:　日本語では「アシタさま」と指示対象が明示されているが，英語
では代名詞 his となっている.

(13)　こらーッ　ここは宮殿の前だ　そんなムサくるしいものを持っ
て遊ぶなーつ　　　　　　　　　　　　（ブッダ 2 巻, p. 164）

英訳　Brats!　This is the palace entrance!　Get lost with your cheap
toys!　　　　　　　　　　　　　　　　　　　（Vol. 2, p. 4）

(14)　うちの会社のコつれてきたぞ

（OL, p. 20）（以下 OL は『OL 進化論』）

日本語の表意：うちの会社の女の子を何人かつれてきたぞ

英訳　I've brought along some girls from the office.

(15)　違うよ.　清水の舞台からとんだつもりでヨ！

（サザエさん，Vol. 12, p. 61）

日本語の表意 1：違うよ.　清水の舞台からとんだつもりでヨ
〈想定 1：清水の舞台とは思い切ったことをすること〉
〈想定 2：Niagara Falls とは思い切ったことをすること〉
日本語の表意 2：違うよ.　ナイアガラの滝からとんだつもりでヨ

英訳　No, as though we're jumping off Niagra Falls!

〈まえがき〉の (2) も「はらかけ」が apron，「はかま」が pants となっ
ている.

(2)　はらかけ　自分で洗うんだよ　はかま（『千と千尋の神隠し』2, p. 143）

英訳　Here's your apron.　You have to wash it yourself.　Your pants.

（*Spirited Away* 2, pp. 141-2）

16   I 基礎編

類例 i) 浅岡ルリ子よりきれい   (Hasegawa (2012: 12))

英訳 Better than Brigitte Bardot（ブリジット・バルドーよりきれい）

1.1.3. 自由な語用論的拡充 (free enrichment)：表意形成 3

　言語的には論理的項目を満たしているが，以下の [　] の要素は語用論的に追加情報として理解される (Carston (2000: 23))．

　〈まえがき〉の (1) は「私の妹なの」に about 5 years old と追加情報が加わって英訳されている．(3) も追加情報として Guess what! が英訳では付け加わっている．

（1）　サツキ：（農夫に話しかける）すいません，おじいさん．あの，
　　　この道をちいさな女の子が通らなかったですか．私の妹なの．

（トトロ 1, p. 92）

英訳 SATSUKI: (calling to a farmer) I'm sorry to bother you, but you, well you haven't seen a little girl come by this way, have you? She's my sister, about 5 years old. （字幕）

（3）　お父さーん!!   （『魔女の宅急便』1, p. 24）

英訳 Dad! Guess what!   (Kiki's Delivery Service 1, p. 22)

（16）　赤いマントをかぶせましょうか   (GH, p. 4)

　　　日本語の表意：[君の顔に] 赤いマントをかぶせましょうか

英訳 Shall I put the red veil over your face?

（17）　彼女は看護婦さんである   (OL, p. 58)

　　　日本語の表意：彼女は [職業は] 看護婦さんである

英訳 She's a nurse by profession.

（18）　逃げちゃダメよっ   (OL, p. 115)

　　　日本語の表意：[現実から] 逃げちゃダメよっ

第1章 表意・推意と翻訳　　17

英訳　Don't run away from reality.

(19) 麻衣ってば，怖い声出さないでよ　　　　　　　　(GH, p. 4)

日本語の表意： 舞衣いってば，怖い声を出さないでよ．［だれか
が聞いているかもしれないから］

英訳　Mai, Talk quieter, someone will hear us!

(20) さっさと食え，どうしたその顔は　　　　　　(ブッダ1巻, p. 173)

英訳　Eat up. What's the long face for?　　　　　(Vol. 1, p. 175)

説明： 日本語の「その顔」が英語では the long face となり long が挿入
されている．

(21) あんなお姫さまなんかと結婚させないつもりだったんだよ

(ブッダ3巻, p. 132)

英訳　So he wouldn't marry any silly princess.　　(Vol. 2, p. 210)

説明： 日本語「あんなお姫さま」を英語では any silly princess と silly
が挿入されている．

1.1.4.　Ad hoc 概念形成：表意形成 4

〈メトニミー〉

(22) けっこうです．あなたの手は必要ありません．　　(GH, p. 18)

〈想定：手でするのは手助け〉

日本語の表意： けっこうです．あなたの手助けは必要ありませ
ん．

英訳　Thanks, but no thanks. I don't need your help.

説明： Cf. Modulation: This changes the semantics and point of view
of the SL. Whole ⟷ part: He shut the door in my face > He
shut the door in my nose. (Munday (2012: 88))

18 　　　I　基礎編

(23)　先輩を見なさい　　　　　　　　　　　　　　　　　(OL, p. 68)

　　　〈想定：old person → old hand〉

英訳　Look at that old hand!

(24)　おやじ　酒だ酒だ！　酒蔵はどこだ？　　　　(ブッダ1巻, p. 95)

英訳　Old man, libations! Where's the wine cellar?!　　(Vol. 1, p. 97)

(25)　シッダルタか … あいつは生まれぞこないの青二才だ　それにあ

　　　いつは武芸はヘナチョコだ　　　　　　　　　(ブッダ3巻, p. 91)

英訳　Siddhartha's been a little wimp ever since he was born. There's

　　　not a fighting bone in his body.　　　　　　　　(Vol. 2, p. 169)

(26)　長いことおじさんしか見てないからだれでもいい男に見えるん

　　　じゃない？　　　　　　　　　　　　　　　　(OL, p. 45)

英訳　You're so used to seeing only old men that any boy would

　　　seem dishy, right?

説明：　概念のずれ（dishy はスラング）

(27)　みんなちょーっと顔がいい男見るとはしゃいじゃって (GH, p. 9)

英訳　Just because you think he's cute, you guys don't have to get so

　　　excited

　関連性理論ではメトニミーも記号化された概念が知識と演算された結
果，伝達される概念として狭まったり，広がったりするアドホック概念形
成で説明する．認知意味論では，メタファーが言葉のすべてを説明すると
いう立場とともに，メトニミーがすべてを説明するという立場もあり，議
論となっている (Taylor and Littlemore (2014), Radden and Kovecses (1999),
Urios-Aparisi (2009))．

第 1 章　表意・推意と翻訳　　　19

日英翻訳の例

ST: 〈日本語メタファー〉**TT:** 〈英訳：メタファーを用いないで翻訳〉の場合：

(28)　ずっと女子校でいまだに免疫ないらしいの　　　　　(OL, p. 51)

　　　〈想定（知識）：免疫ない→男性に話すことになれていない〉

　　　日本語表意：　ずっと女子校でいまだに男性に話すことになれていないらしいの

　英訳　She went to an all-girls high school, so she still can't get used to talking to men.

(29)　除霊に失敗した霊は手負いの熊と同じよ（文字通りの英訳　a wounded bear）　　　　　　　　　　　　　　　　　(GH, p. 110)

　　　〈想定：手負いの熊→野生動物と同じくらい危険〉

　　　日本語の表意：除霊に失敗した霊は野獣と同じくらい危険よ

　英訳　Spirits that escape an exorcism are as dangerous as a wild beast.

(30)　ずいぶん丸くなられましたね　　　　　　　　　　(OL, p. 90)

　　　〈想定：丸くなる→のんびりやになる〉

　　　日本語の表意：ずいぶんのんびりやになりましたね

　英訳　You've become very easygoing, haven't you?

ST: 〈日本語メタファーを用いない〉**TT:** 〈英訳：メタファーを用いて翻訳〉の場合：

(31)　やりすぎて女の子にうとまれちゃった　　　　　　(OL, p. 44)

　　　〈想定：うとまれちゃった→ cold shoulder（わざと冷たくあしらうこと）〉

　　　日本語の表意：やりすぎて女の子にわざと冷たくあしらわれた

20   I　基礎編

英訳　I went too far and the girls gave me the cold shoulder.

(32)　神様　心をいれかえますから助けてください　　　　(OL, p. 19)

想定:〈新しい葉をひっくりかえす→心を入れ替える〉

日本語の表意: 新しい葉をひっくりかえすから，助けてください

英訳　Please, God, I'll turn over a new leaf.　Please help me.

説明:　認知意味論ではメタファーは thought にあるとされる（Lakoff and Johnson（1980: 3））: metaphor is pervasive in everyday life, not just in language but in thought and action.　関連性理論ではメタファーのみを独自に扱う規則などはなく，ルースな言語使用の一種にすぎないと分析し，アドホック概念形成で説明される.

英日翻訳の例

英語（Source Language=SL），英語原文（Source Text=ST）日本語（TT）

〈メトニミー〉

(33)　Daniel:　Hey, give me five.　　　　　(『ミセス・ダウト』, p. 23)

想定:　five から a hand へと理解されている.

和訳　さあ，手を出せよ.

(34)　Mrs. Doubtfire:　… You want to be Kilimanjaro on your first date　　　　　　　　　　　　（『ミセス・ダウト』, p. 97)

和訳　初めてのデートはキリマンジェロのように近づきがたくなくては

説明:　Kilimanjaro は山を指しているが，最初のデートと結びつけるには，「キリマンジャロの山のように近づきがたい」と理解している.

第1章 表意・推意と翻訳 21

(35) Smokey: The mouse is the picnic.

(『ステユアート・リトル』, pp. 190-91)

[和訳] あのねずみがピクニックのメシってことよ.

以下では，いくつかの英日翻訳の例を見てみよう.

場面： ダニエルがアニメの声優の仕事で，小鳥のパッジイと猫のグラッ
ジを一人二役で演じている場面でアニメ内では，グラッジがパッ
ジイを食べようと，手に捕らえて脅している. その時の台詞.

(36) Grudge: Salutations, snack.

Pudgie: Yipe. On second thought ... Yiiipe! Nine-one-one!
Nine-one-one! Police! Civic Authorities! ASPCA!
ASAP! (『ミセス・ダウト』, p. 7)

[和訳] やお，おやつちゃん.

ギャー！ 考え直すと ... キャー！ 911番，911番，お巡りさ
ん！治安係の皆さん！ 動物愛護協会！ 大至急！

[日本語字幕] グラッジ：(グラッジとして) やあ 僕のおやつ

パッジイ： (パッジイとして) ギャー！ やり直す ... キャー！
110番 110番 お巡りさん！ 動物愛護協会！

説明： 字幕では110番となり，原語では911番となり，日本人にわか
るように翻訳されている. ASAP = As Soon As Possible.

(37) Miranda: Why do you always make me out to be the heavy?

(『ミセス・ダウト』, p. 17)

[和訳] どうしていつもあなたは私を悪者にするの？

説明： the heavy から「悪者」に理解されている.

(38) Daniel: Honey, I, I'd be careful. That pony had a lot of wa-
ter. (『ミセス・ダウト』, p. 16)

[和訳] 気をつけたほうがいいよ. その子馬は相当水を飲んでるからね.

説明： 水をたくさん飲んだの後に暗に and might uninate on you「お
しっこかけるよ」が暗に示されている.

(39) Su-chin: Oh. Hi, Juno. How are you?

Juno: You know, <u>pretty solid</u>. (*Juno,* p. 40)

〈想定：solid 固体の→動かない健康状態→とても健康である〉

英語の表意：ジュノ：そうね，<u>とても健康です</u>

和訳 ジュノ：そうね，<u>絶好調</u>.

(40) 〈産婦人科に中絶にきたジュノのセリフ〉

Juno: Hey. I'm here for <u>the big show</u>. (*Juno,* p. 42)

〈想定：the big show →大きなショー→たいそうなこと〉

英語の表意：こんちは. たいそうなことをしに（＝<u>中絶しに</u>）こ
こに来たんだけど.

和訳 こんちは. <u>たいそうなことをしにここに来たんだけど</u>.

(41) Juno: if I could just have <u>the thing</u>, and, and give it to you. I
totally would. (*Juno,* p. 72)

英語の表意：あたしが<u>そのもの（＝この子）</u>をもったら，そした
らあんたにあげる.

和訳 ジュノ： あたしが今<u>この子</u>を産んだら，そしたら速攻あんたに
あげる.

説明： この和訳では，the thing を指示付与して「この子」としている.

(42) Juno: When I see them all running like that with their <u>things</u>
bouncing around their shorts, I always picture them naked even
if I don't want to. (*Juno,* p. 28)

英語の表意： あいつらがみんなあんなふうに短パンの中で<u>その
もの（＝男性ペニス）</u>あちこち跳ね回らせてランニングしている
のを見ると，そうしたくなくても，決まってあいつらの裸を想

第 1 章　表意・推意と翻訳　　23

像しちゃうんだ．

[和訳] あいつらがみんなあんなふうに短パンの中でアレをあちこち跳ね回らせてランニングしているのを見ると，そうしたくなくても，決まってあいつらの裸を想像しちゃうんだ．〈この和訳では their things を婉曲的に「アレ」として遠回しの翻訳となっている．〉

参考：　日本語の婉曲表現の英訳については，第 8 章残された問題 8.12 参照．

翻訳とメトニミー

(43) の「村」は「村に住む人々」をメトニミー的にさすが，英訳は単に the village となっている (cf. 寺澤 (2016: 52–53))．

(43)　その夜は雪でなく，霰《あられ》の後は雨になった．帰る前の月の冴えた夜，空気がきびしく冷えてから島村はもう一度駒子を呼ぶと，十一時近くだのに彼女は散歩をしようと言ってきかなかった．なにか荒々しく彼を火燵から抱き上げて，無理に連れ出した．
　　道は凍っていた．村は寒気の底へ寝静まっていた．駒子は裾をからげて帯に挟んだ．月はまるで青い氷のなかの刃《やいば》のように澄み出ていた．　　　　　　　　　　　　　　（川端『雪国』，p. 74）

[英訳] It did not snow that evening. A hailstorm turned to rain. Shimamura called Komako again the night before he was to leave. It was a clear, moonlit night. At eleven o'clock the air was bitterly cold, but Komako insisted on going for a walk. She pulled him roughly from the *kotatsu*.
　　The road was frozen. The village lay quiet under the cold sky. Komako hitched up the skirt of her kimono and tucked it into her

24 I　基礎編

obi. The moon shone like a blade frozen in blue ice.

(*Snow Country*, Translated by Edward G. Saidensticker, Tuttle 1956, p. 77)

日本語の表意から一部〈省略〉された表意を英訳しているもの：

Cf. Loss, gain and compensation: Translation does inevitably involve some loss, since it is impossible to preserve all the ST nuances of meaning and structute in the TL.（Munday（2012: 90））

(44)　無責任だぞつ   （ブッダ 3 巻，p. 126）

　　　…   （Vol. 2, p. 204）

説明：　英語版では「無責任だぞつ」の英訳はない.

(45)　おきさきにこどもができたことを知った大王は十月十日間政治
　　　はそっちのけだった   （ブッダ 3 巻，p. 176）

英訳　When the king learned his queen was pregnant, he completely forgot about politics.   （Vol. 2, p. 254）

説明：　日本語の「十月十日間」という部分は英語では省略されている.

(46)　おまえたちもコーサラ国へいくのならおれのやつとの弓の勝負
　　　を見物にこいつ   （ブッダ 1 巻，p. 218）

英訳　If you make it to Kosala, don't miss the match!　（Vol. 1, p. 220）

(47)　兵隊ども火攻めできやがった … くそーつ!! 人間は焼肉じゃね
　　　えぞ   （ブッダ 1 巻，p. 83）

英訳　They've set the town on fire!　Yo, humans aren't barbecue meat!   （Vol. 1, p. 85）

(48)　川はまるでイナゴの死がいのかたまりみたいくさくってのめや
　　　しない！   （ブッダ 1 巻，p. 118）

英訳　The river's a locust graveyard!　Totally poisoned!

第 1 章　表意・推意と翻訳　　　　25

(Vol. 1, p. 120)

(49)　なんという動きのにぶさつ　　　　　（ブッダ 1 巻，p. 163）

英訳　You're slow as molasses.　　　　　（Vol. 1, p. 165）

(50)　まったくばかげた火遊びをしてくれた！　（ブッダ 2 巻，p. 62）

英訳　Look, what you've done to yourself!　　（Vol. 1, p. 306）

(51)　ウーム　すわったままピクリともしない !!　（ブッダ 2 巻，p. 223）

英訳　Uh-oh, he's as still as a corpse.　　　（Vol. 2, p. 73）

(52)　年かっこうはまだこどもですが目つきがするどいしまあまあで
　　　しょうな　　　　　　　　　　　　（ブッダ 3 巻，p. 94）

英訳　He's very young, but there's fire in his eyes.　I'd say he's good.

(Vol. 1, p. 312)

1.2.　推意と翻訳

　関連性理論では，明示的に伝達されていない命題を推意という．推意
(implicature) とは非明示的（implicit）な命題のことで推意前提（implicated premise）と推意帰結（implicated conclusion）の 2 種類がある（Carston (2002: 139)）．

推意と翻訳

The Original Japanese text:

(53)　石橋を叩いて渡るタイプなんだ　　　　　（GH, p. 48）

　　　文字通りの英訳：石橋を叩いて渡る to tap on the stone bridge before crossing to make sure it doesn't break

説明：　日本語推意は「石橋を叩いて渡る」（X）なら→，（Y）「とても注意深い」（an extremely careful way）となる．英語表意（X）で，

英語推意で（Y）an extremely careful way となるものを計算すると翻訳者はこの X をさがして X＝Look before you leap と翻訳する．

英訳 "You're the type of a person who looks before he leaps."

〈まえがき〉で示した例（4）も推意で説明が可能である．

(4) さっき決めたの!! 　　　　　　　　　　　（『魔女の宅急便』1, p. 24）
日本語の表意：さっき私は魔女の世界へ行くことを決めたの
想定： もしも満月になったら，私は魔女の世界へ行くことを決める

英訳 Yeah, there's full moon. 　　　　（*Kiki's Delivery Service* 1, p. 22）
説明： この英訳は想定の前件を英訳していると説明が可能である．

以下は『ブッダ』の中での推意に関わる英訳の例である．

(54) どうしてぼくたちはこうも苦しまなきゃならないんだ!!
　　　　　　　　　　　　　　　　　　　　（ブッダ 1 巻, p. 119）

英訳 Why do we have to go through this hell!! 　　　（Vol. 1, p. 121）

(55) 一撃で死んどる 相手はしたたかなやつだつ 　（ブッダ 1 巻, p. 81）
英訳 Watch out, the killer is skilled. 　　　　　　（Vol. 1, p. 83）

(56) ふだんは身分のいやしさで苦しみいくさが始まれば逃げまわって苦しみそしてイナゴにまでこんなめにあわされるなんて！
　　　　　　　　　　　　　　　　　　　　（ブッダ 1 巻, p. 119）

英訳 Day after day we suffer for being underclass, and as if war hasn't made things bad enough for us, locusts spoil even our water!! 　　　　　　　　　　　　　　　（Vol. 1, p. 83）

意訳

(57) ああ　あんなものはクズじゃよ 　　　（ブッダ 2 巻, p. 208）

第 1 章　表意・推意と翻訳　　　27

|英訳| No, no he's <u>minor league</u>.　　　　　　　　　　(Vol. 2, p. 41)

(58)　家族があるの？　　　　　　　　　　（ブッダ 2 巻, p. 224)

|英訳| How cute!　　　　　　　　　　　　　　　(Vol. 2, p. 74)

(59)　<u>ミゲーラが殺されるならぼくは父上を許さない</u>!!

　　　　　　　　　　　　　　　　　（ブッダ第 3 巻, p. 134)

|英訳| If you're going to kill Migaila. <u>You, Father, are my enemy</u>!

　　　　　　　　　　　　　　　　　　　　(Vol. 2, p. 212)

(60)　<u>負けっぷりをご自然にね</u>　　　　　　（ブッダ 3 巻, p. 127)

|英訳| I hope you're a <u>good actor</u>　　　　　　　(Vol. 2, p. 204)

1.3.　推意のさらなる分析へ

1.3.1.　エコー的用法と翻訳

(61)　それと<u>先輩</u>が夜ね旧校舎側の道を通ったら　　(GH, p. 6)

|英訳| And on one evening, <u>my sempai</u> was passing by the old building and …

説明：　Cf. Echoic use utterances which express an attitude to a proposition that the speaker is not asserting but attributing to someone else. (Clark (2013: 248))

1.3.2.　祝詞と翻訳

祝詞は，そのままで，英訳されていない.

(62)　<u>つつしんでかんじょうたてまつる</u>　　　(GH, p. 96)

　　　英訳もそのまま：<u>つつしんでかんじょうたてまつる</u>

28   I 基礎編

1.3.3. 京都弁と翻訳

(63)   ブラウンいいます   (GH, p. 70)

英訳   I'm John Brown.

　　　あんじょうかわいがっとくれやす

英訳   It's a pleasure to meet you.

　　　ぼくはオーストラリアからおこしやしたんです

英訳   I'm from Australia.

　京都弁を話す，変な外国人が日本語版では，この全体の話の解決に手がかりとなる．英訳ではこの京都弁は標準英語の英訳となっているので，英語版では，話の流れが理解できずに問題となっていると思われる．

　なお，日本語の大阪弁，沖縄のことばの翻訳については第 8 章 8.2 参照．

第 2 章

語彙語用論・句語用論と翻訳

2.1. 語彙語用論 (Lexical pragmatics) と翻訳

　語彙語用論では記号化された概念 (encoded concept) たとえば，GOOD は，コンテクストが異なると，コミュニケーションで伝達される概念 (communicated concept) は (1) fast（速度が速い），(2) expensive（値段が高い），(3) blunt（切れない）の意へと語用論的にゆれてアドホック概念が形成される．(4)-(6) で記号化された MOUTH は，以下ではそれぞれ人の口，洞窟の入り口，ビンの口をさす．

(1) A: Oh! It's late. I'll miss my flight.
　　 B: Don't worry. John has a GOOD car（＝fast）.

(2) A: Does Ann have a good salary?
　　 B: Well, she has a GOOD car（＝expensive）.

(3) Paul (seeing Jane in trouble to cut a steak, ironically): This is a GOOD knife, isn't it?（＝blunt）

(4) John hit Paul in his MOUTH（＝mouth of a person）.

(5) We saw the bear near the MOUTH of the cave（＝mouth of a

30   I 基礎編

cave).

(6) John opened the bottle by sawing off its MOUTH (＝mouth of
     a bottle).

     (Wilson (2004) "Relevance and Lexical Pragmatics" *UCL Working
     Papers in Linguistics* 16, 343-360)

さらに，(7)-(10) で MOUTH は，それぞれ，口の外側，内側，人間全
体，大声，生意気な口を指す．

(7) Wipe your MOUTH. (＝口の外側)

(8) Her MOUTH was dry from nervousness. (＝口の内側)

(9) I have four MOUTH s to feed. (＝人間全体)

(10) He has a big MOUTH. (＝大声で話す，生意気な口をきく)

     (https://londonenglish.live/2017/01/05/polysemous-words-meaning-and-
     pragmatics/)

次の例では Robert is a computer という同じ表現がコンテクストで異
なる意味に，アドホック概念として解釈されている．(11b) では COM-
PUTER は「大量の数字を処理し決してミスをしない人」を指し，(12b)
では「感情，直観，常識，他人への関心などが欠如している人」を指して
いる．

(11) a. Peter: Is Robert a good accountant?
                 (ロバートは腕利きの会計士ですか？)

     b. Mary: <u>Robert is a computer.</u>
                 (ロバートはコンピューターだ)

     表意：Robert is a COMPUTER* 〈ad hoc 概念〉

     解釈：Robert can process large amounts of numerical information
          and never make mistakes, and so on. (ロバートは大量の数字を
          処理して，決してミスをしないよ)

第 2 章　語彙語用論・句語用論と翻訳　　　31

(12) a.　Peter:　How good a friend is Robert?
　　　　　　　（ロバートはいい友達ですか？）

　　 b.　Mary:　Robert is a computer.
　　　　　　　（ロバートはコンピューターだ）

　表意：Robert is a COMPUTER**〈ad hoc 概念〉

　解釈：Robert lacks emotions, intuitions, common sense, concern
　　　　for others, and so on.（ロバートは感情，直観，常識，他人への関
　　　　心などが欠如している）

COMPUTER により活性化されうる百科辞書的想定（encyclopaedic
assumptions）：

　i)　腕利きの会計士と同様に，コンピューターはたくさんの数字の情
　　　報処理ができ，決して間違いをしない．
　ii)　人間の友達と違って，コンピューターは感情，直観，常識，他人
　　　への関心などが欠如している（Wilson（2011））

記号化された EMPTY は（13）では empty of students，（14）では emp-
ty of thoughts としてアドホックに解釈される．

(13)　The room is empty.
　　　（その部屋は空っぽです）

　表意：The room is EMPTY*（empty of students）
　　　（その部屋には，だれもいない）

(14)　My head is empty.
　　　（私の頭は空っぽです）

　表意：My head（head（メトニミー）→ brain）is EMPTY**（empty
　　　of thoughts）（私には考えがない）（Tendahl and Gibbs（2008:
　　　1846））

the 'ad hoc concept' account of metaphor

(i) metaphor is one case of loose use of lexicalized concepts (ad hoc concepts)

(ii) there is a pragmatic mechanism of content adjustment associated with the creation of ad hoc concepts

(iii) there is a continuum between literal and non-literal uses, on the one hand, and between varieties of loos uses, on the other.

(15) Peter is blind.

（ピーターは目が見えていない）

i) 文字通りの解釈 BLIND： 目が見えない (lacking the sense of sight)

ii) 近似的解釈 BLIND*：ほとんど目が見えない人

iii) 誇張した解釈 BLIND**：単に近視である人

BLIND により活性化される百科辞書的想定：

    a. A BLIND PERSON は特別な本や道具を必要とする

    b. A BLIND PERSON は白いつえで，自分の近くの物を察知する

    c. A BLIND PERSON はある種の物を理解するのに問題がある

(Wałaszewska (ed.) (2015: 154))

(16) Alice's daughter is a princess.

（アリスの娘はプリンセスだ）

PRINCESS*

広げられた概念：貴族である人＋美人でわがままで，やる気のない人

狭められた概念：あまりかわいくない，あるいはわがままでなく，やる気のないと考えられる王室の女の子は排除する　　(Wałaszewska (ed.) (2015: 156))

A simultaneous combination of broadening and narrowing of a

第 2 章　語彙語用論・句語用論と翻訳　　　33

lexically encoded concept is typical of metaphors.

(Wilson and Carston（2006））

(17)　The eagle is a lion among birds.

（鷲は鳥の中ではライオンです）

創発的特性（EMERGENT PROPERTY）：〈尊敬されている〉'is respected'

ライオンの特性：(i) たてがみがある，(ii) 百獣の王，(iii) アフリカにいる，(iv) 肉食である

鷲の特性：(i) 絶滅危機にある，(ii) 羽がある，(iii) 大きい，(iv) 肉食である

　関連性理論による創発的特性の説明は推論によるものであると主張している．用いられるメカニズムは単に演繹的推論である（Wałaszewska（ed.）(2015: 161））．

(18)　Sally is a block of ice.

（サリーは氷のかたまりである）

アドホック概念 BLOCK OF ICE* は，物理的に冷たい（having the property of being physically cold.）

COLD：物理的に冷たい

広げられた概念 COLD*：物理的に冷たい＋精神的に冷たい

狭められた概念 COLD**：精神的に冷たい（感情が無く，友好的でない）　　　　　　　　（Wałaszewska（ed.）(2015: 166））

2.2.　句語用論（phrasal pragmatics）と翻訳

　Phrasal pragmatics（句語用論）とは Romeo and Soria（2010）などの用語で，句によって表現された複合概念（complex concepts）を語用論操

作により，関連性理論の中の意味理解を説明しようという分野である (Romeo and Soria (2010: 183))．

a field of pragmatics that we will call 'phrasal pragmatics' in order to study the behaviour of phrases and their meanings and how these meanings must often be pragmatically adjusted to determine the truth conditions with which they contribute to what is said by means of the utterances of the sentences that include them.

(19) In all modesty Morris imagined he must be *the biggest fish in the backwater.*

たとえば，アメリカ人 Morris がイギリスの大学に在外研究員として行くときの彼についてのコメントでイタリック体 *the biggest fish in the backwater* の意味を「よどみの中にいる最も大きな魚」の意から語用論的に「イギリスでは一番優秀な学者」と解釈するような説明をする (Romeo and Soria (2010: 190))．

Only (BIGGEST FISH IN THIS BACKWATER)* allows understanding of how Morris is, to wit, the person who conceives himself as the most powerful academic in this British institution, while FISH* doesn't. (Romeo and Soria (2010: 191))

(20) I know I cannot be ***first violin*** but I deserve a better job in the company than this. (Vega Moreno (2007: 178))

この例では *first violin* が意味が広げられて解釈されて FIRST VIOLIN* とアドホック句概念として，people who have an important leadership role and who enjoy the praise and success proper to this position（重要な役割を演じる人）の意と語用論により，記号化された概念と第一バイオリンに関するは百科事典的想定を用いて演算して，アドホック句概念が句レベ

第 2 章　語彙語用論・句語用論と翻訳　　　35

ルで形成されている.

(21) *still the beans*　　　　　　　　　(Vega Moreno (2007: 185))

(22) *at a snail's pace*　　　　　　　　(Vega Moreno (2007: 203))

同様にして (21) は, events in which information is revealed, with the literal spilling of beans in the game-setting as a special case. として解釈され, (22) は states of affairs in which something happens very slowly. と解釈される.

　日本語の決まり文句もこの句語用論での扱いが可能である.

(23)　どこの馬の骨か分からない人に娘を嫁にやれない

英訳　I cannot give my daughter in marriage to a nobody (a man of doubtful origin) / a person whom nobody knows where he comes from / a stranger.

(24)　だまされたと思って, 食べてみて

英訳　Trust me. You will like it.

　　　I am sure you will like it.

　　　Accept that we've been taken advantage of and let's just eat.

　　　Believe or not, this tastes great.

(25)　ネコの額ほどの土地

英訳　A tiny plot of land

　　　A cat's forehead

　　　A bit of ground

(26)　朝飯前

英訳　It's a piece of cake.

　　　It's easy.

36   I 基礎編

(27)　絵に描いた餅

英訳　Pie in the sky

Castle in the sky

Hasegawa (2012: 168-191) によると以下の例も同様である.

   i.　油を売る→英訳 to waste time

  ii.　蛙の子は蛙→英訳 Like father, like son

 iii.　どんぐりの背比べ→英訳 Everyone is pretty much like another

 iv.　Ignorance is bliss. →和訳 知らぬが仏

以下は Hasegawa (2012: 90) による：Replacing the image in the SL with a standard TL image.

(28)　新政策は絵に描いた餅にすぎなかった

英訳　The new policy was merely pie in the sky.

(29)　二人は波長が合っている

英訳　(文字通りの英訳：'Their wavelengths match')

There is chemistry between them.

以下は句語用論でアドホック概念形成が作成されると説明される実例である.

〈Phrasal Pragmatics〉

(30)　腰がぬけるかと思ったあ　　　　　　　　　　　　　　(GH, p. 8)

(文字通りの英訳：I was so surprised that the lower back fell down)

想定 1：腰が抜ける→とても驚く

想定 2：scare near/half to death →とても驚く（very surprised）

英訳　You scared me near to death.

第2章　語彙語用論・句語用論と翻訳　　　37

(31)　どこのどいつだよっ　脅かしやがってえーーーっ！　　(GH, p. 16)
　　　（文字通りの英訳：Who threatened me?)

英訳　Who the heck was that … I almost wet my pants.

(32)　絶っっっ対にウラがあるに決まってる!!　　　　　　(GH, p. 8)
　　　（文字通りの英訳：There must be something behind this case)

英訳　He must be something something!

(33)　ナルツ！　画面が白黒のザラザラになっちゃったよ
　　　（文字通りの英訳：black and white rough to touch or sandy or
　　　rough)　　　　　　　　　　　　　　　　　　　　(GH, p. 114)

英訳　Naru! The screen is all static again!

Cacciari and Gluckberg (1991) によると，次の3種類にイデイオム表
現を区分している．(a) は kick the bucket【バケツを蹴る】→【くたばる】
のように，両者の関係がはっきりしないものであるが，(b) は break the
ice【氷を割る】→【沈黙を破る】のように具体的なものから抽象的な場面
への意味拡張の関係は明らかな場合，(c) は *give up the ship* のように
【船をあきらめる，捨てる】→【降参する】のように具体例の文字通りの表
現から一般化した降参するの意となった場合である．

(a)　Analysable-opaque idioms: the relation between the idiom's
elements and idiom meaning may be opaque, but the meaning
of the words can still constrain the interpretation and use of
the string (*kick the bucket* where *kick* denotes an abrupt ac-
tion)

(b)　Analysable-transparent idioms: there is a clear semantic rela-
tion between the elements of the idiom and the components of
the idiom's meaning (*break the ice* where *break* corresponds
to the idiomatic sense of changing mood and *the ice* to the id-

iomatic sense of social tension.

(c) Quasi-metaphorical idioms: these are idioms for which the literal referent is itself an instance of the idiomatic meaning (*give up the ship* describes both a prototypical example of the act of surrendering and the act of surrendering in general)

II

ケーススタディー

第 3 章

翻訳とことわざ

　日本語には，「暑さ寒さも彼岸まで」，「三つ子の魂百まで」，「仏の顔も三度まで」，「石の上にも三年」のように，ことわざの表意を計算するのに，暑さ寒さも彼岸まで［続く］，三つ子の魂百まで［続く］，仏の顔も三度まで［許される］，石の上にも三年［我慢して座る］などの［　］内の動詞などの要素を補わないと理解できないことわざがある．このように日本語のことわざには省略されたものが多いが，英米人には完全な文にしないと通じないことになる．論理的に必要な省略要素を語用論的に補うことを関連性理論では表意形成に必要な語用論的操作で飽和という．先行研究では，どのような飽和を提案しているのかをみながら以下で，説明をしてみよう．

3.1. ことわざ翻訳のタイプ

　　タイプ1： 　日本語のことわざの表意が英訳された場合

　　　　　　　　日本語のことわざの表意＝英語のことわざの表意：英訳

　　タイプ2A： 日本語のことわざの推意が英訳された場合

40

第 3 章　翻訳とことわざ　　41

　　　　　日本語のことわざの推意＝英語のことわざの推意：英訳
タイプ 2B：　日英語のことわざの推意がイコールの場合で，英語の
　　　　　表意が英訳された場合
　　　　　日本語のことわざの推意＝英語のことわざの推意
タイプ 3：　　日本語のことわざの推意と英訳がイコールの場合
　　　　　日本語のことわざの推意＝英語のことわざの英訳

3.2.　日本語ことわざの英訳

3.2.1.　〈日本語ことわざ〉一を聞いて十を知る

表意 1：　一を聞いて十を知る

英訳1　　A wise man hears one word and understands ten.

　　　　　　　　　　　　　　　　　　　　　　　　（杉田（2001））

英訳2　　One recognizes ten from hearing one.　（山口（1999: 55-56））

英訳3　　"Hear one thing, know ten."　　　　　（Trimmell（2004: 57））

表意 2：　一端を聞いて全体を解する

　（曽根田憲三，ケネス・アンダーソン（1987: 277-278）『英語ことわざ用法
　辞典』大学書林）

【理論的説明】　一は〈一端〉，十は〈全体〉という語用論的な意味理解
により表意がアドホック概念形成で説明される．

英訳4　　Smart people are quick to infer the whole from a single bit
　　　　　of information.　　　　　　　　　　　（山口（1999: 55-56））

タイプ 2B：日英語の推意がイコールの場合で英語の表意の英訳

英語の表意 1：

英訳5　　A word is enough to the wise.　　　　　　　（杉田（2001））

賢者には一言にして足る．

【理論的説明】　もしも「頭の良い人にはヒントだけで十分」（＝P）な

ら，事情をよく弁えている人にくどくどした説明は要らない（＝Q）という想定から，暗に推意で〈事情をよく弁えている人にくどくどした説明は要らない〉を伝える．ただ単に A word to the wise とも言う．

英語の表意 2：

英訳6 Send a wise man on an errand and say nothing unto him.

（賢者を使いに出すときは彼に何も言わなくてもよい）

（杉田 (2001)，山本 (2007: 28)）

3.2.2. 〈日本語ことわざ〉暑さ寒さも彼岸まで

表意 1： 暑さ寒さも彼岸まで［続く］

タイプ 1：日本語のことわざの表意が英訳された場合

英訳1 "Both heat and cold last only until the equinox."

（Trimmell (2004: 14)）

表意 2：［夏の］暑さも［冬の］寒さも彼岸まで［続く］

英訳2 Summer heat or winter cold lasts only until the equinox.

（夏の暑さや冬の寒さが続くのも彼岸まで） （山口 (1999: 19)）

表意 3： 暑さは［秋の］彼岸をすぎて［続かないのと同様に］，寒さは［春の］彼岸をすぎて［続かない］

【理論的説明】 これは表意 2 から「まで続く」から「過ぎたら続かない」という論理的に否定したもの

英訳3 Just as hot weather does not last past the autumnal equinox, cold weather does not last past the spring equinox.

（池田・キーン監修 (1982: 23)）

タイプ 2B： 日英語のことわざの推意がイコールの場合で，英語の表意が英訳された場合

第3章 翻訳とことわざ　　43

英訳4 Neither heat nor cold abides always in the sky.

（暑さや寒さが，いつまでも空にとどまっているわけではない）

(池田・キーン監修 (1982: 23))

【理論的説明】「彼岸」という日本文化的仏教に基づく表現はこの英訳では消えている．英米人にはこの英訳4がよく知られたことわざであるが日本人には英訳1，2，3までが理解しやすいのは表意の翻訳であるからである．英訳4と日本語のことわざ「暑さ寒さも彼岸まで」とはそれぞれ同じ推意，〈暑さ寒さはいつまでも続くものでない〉を暗に伝達しようとしていると説明できる．

3.2.3. 〈日本語ことわざ〉三つ子の魂百までの英訳

表意1：三つ子の魂百まで［続く］

表意2：3歳の子供の心（精神）は百歳まで［続く］

【理論的説明】 表意の形成でアドホック概念形成が関わり，「三つ子」は，〈三歳の子供〉，「魂」は，〈心（精神）〉という意味に，「百」も〈百歳〉と語用論的に解釈することが必要である（cf. 金田一春彦監修 (2004: 250)『小学生のまんがことわざ辞典』東京：学研）．

タイプ1：日本語のことわざの表意が英訳された場合

英訳1 The spirit of the three-year-old last until age one hundred.

(Trimmell (2004: 90))

表意2：3歳の子供の心（精神）は百歳まで［変わらない］

英訳2 A three-year-old child's soul remains unchanged for a hundred year.　　(山口 (1999: 554))

【理論的説明】 日本語ことわざの一般化した推意の英訳：幼時に身に付けた性質は年を取っても変わらない．

タイプ3：日本語のことわざの推意と英訳がイコールの場合

英訳3 Habits formed in early childhood remain unchanged

through life. (山口 (1999: 554))

<u>タイプ2B： 日英語の推意がイコールの場合で英語の表意が英訳された場合</u>

英訳4 A leopard cannot change his spots. (山口 (1999: 554))

英訳5 An old dog cannot alter his way of barking.

（老犬はその吠え方を変えられない） (田中 (2013: 91))

<u>タイプ2B： 日英語のことわざの推意がイコールの場合で，英語の表意が英訳された場合</u>

英訳6 The child is the father of the man.

【理論的説明】 奥津 (2000: 44-45) によると，The child is father of the man.（子供は大人の父）とは，「... 幼児こそ人間の本源の姿であると言っているのである．日本ではこのことわざに対して，必ず「三つ子の魂百まで」を当てている．ところが，日本の「三つ子の魂百まで」ということわざは，単に「幼児の性質は年をとっても変わらない」という意味で，しかも幼児の時の悪い習慣などが一生直らない，といった意味合いがこめられている場合が多く，このワーズワースの句とは，本質的に異なるものといえる．」とあるように，<u>両者には計算ででてくる弱い推意（weak implicatures）には違いがでてくるようである</u>．

3.2.4. 〈日本語のことわざ〉仏の顔も三度（まで）

表意1： 仏の顔も三度 ［撫ずれば腹立つ］ (勝崎 (1992: 182-183))

表意2： 仏の顔も三度 ［ながむれば腹が立つ］ (勝崎 (1992: 182-183))

表意3：［慈悲深く温和な］仏さまでも，顔を ［なでまわすような悪行を］ 三回もされたら，［腹を立てる］ (割田 (2012: 212))

<u>タイプ1：日本語のことわざの表意が英訳された場合</u>

第 3 章　翻訳とことわざ　　45

英訳1　[Even merciful] Buddha [does not look gentle if he is stroked on] the face three times.　　　(山口 (1999: 530))

表意4：温厚な人でも何度も［無礼な仕打ちをされれば怒り出す］

【理論的説明】　「仏の顔も三度」の三度は回数ではなく語用論的に「たびたび，繰り返し」の意となり，想定を用いて，仏の顔からメトニミー的に「温和な人」の意へとアドホック概念形成で意味理解される (cf. 割田 (2012: 212)).

タイプ 2B：日英語の推意がイコールの場合で英語の表意の英訳の場合

英訳2　The crushed worm will turn.

　　　　(つまれればミミズも向きを変える)　　　(勝崎 (1992: 182–183))

【理論的説明】　仏の顔も三度，The crushed worm will turn. はともに，共通の推意〈どんなにいい人・生き物でも，度重なる仕打ちをされるとがまんに限界がある〉を伝えると説明できる.

3.2.5.　〈日本語ことわざ〉出る杭は打たれる

表意1：出る杭は打たれる

タイプ1：日本語のことわざの表意が英訳された場合

英訳1　The nail that sticks out will be hammered.

　　　　　　　　　　　　　　　　(Boutwell and Yumi (2010: 14–15))

英訳2　The nail that stands up will be hammered down.

　　　　　　　　　　　　　　　　　　　　(Trimmell (2004: 25))

英訳3　The protruding nail will be hammered.　　(Galef (1987: 61))

英訳4　The nail that sticks out will be driven.　(皆川監修 (1997: 7))

英訳5　The nail that sticks out gets banged down.　(張 (2007: 137))

英訳6　A stake that sticks out gets hammered down.

　　　　　　　　　　　　　　　　　　　　(杉田 (2001: 196))

すぐれて抜け出ている者は，とかく憎まれる．また，さし出がましく

ふるまう者は他から制裁されることのたとえ.

タイプ2：日本語のことわざの推意と英訳がイコールの場合

意味2：しゃしゃり出るような振る舞いをする者は，まわりから非難され攻撃される（時田 (2000: 399)）

英訳7　An excellent person is obstructed by peers.

(山口 (1999: 382))

タイプ3：日本語のことわざの推意と英訳がイコールの場合

【理論的説明】　意味3にあたる英訳は，(i) もしも，〈出る杭は打たれるなら (＝P)，しゃしゃり出るような振る舞いをする者は，まわりから非難され攻撃される (＝Q)，(ii) もしも，〈しゃしゃり出るような振る舞いをする者は，まわりから非難され攻撃される (＝Q)〉，〈みんなと同じようにやっていれば悪く思われることはない〉 (＝R).と計算され，R は推意となる.

英訳8　Do as most men do, then most men will speak well of you.

（みんなと同じようにやっていれば悪く思われることはない）

(戸田（編）(2003: 424))

タイプ2B：日英語の推意がイコールの場合で英語の表意の英訳

英訳9　A tall tree catches much wind.

（高い木は多くの風を受ける）　　　　　　(山口 (1999: 382))

英訳10　Envy is the companion of honour.

（嫉妬は名声の伴侶である）　　　　　　(山本 (2007: 197))

ラテン語のことわざ Invidia comes gloriae（嫉妬は光栄の伴侶である）に由来する.

英訳11　The squeaking wheel gets the grease.

（きしみ音をたてる車輪は潤滑油を塗ってもらえる）

（杉田（2001: 196））

文句を言わなければ，聞いてもらえない，注意を引けない，のたとえで，日本のことわざとは反対の意味．

3.3. 『ブッダ』からの翻訳の具体例

(1) よく気をつけてものをいうことだ　井の中のカワズめ

（ブッダ 3 巻，p. 161）

英訳 Well, you acted rashly. Don't forget you're a big fish in a small pond. (Vol. 2, p. 239)

(2) そう簡単にはなれないよ． （ブッダ 6 巻，p. 26）

英訳 Easier said than done. (Vol. 4, p. 142)

(3) なあブッダ「目には目を」っていうことを知ってるだろう

（ブッダ 12 巻，p. 70）

英訳 Hey Buddha, you've heard that phrase "an eye for an eye" right? (Vol. 8, p. 180)

(4) ねえ馬子にも衣装っていうけどいつばかりは何着せてもあわないなァ （ブッダ 6 巻，p. 182）

英訳 They say the clothes make the man, but this fellow wouldn't look good in anything. (Vol. 4, p. 298)

(5) 「君子あやうきに近よらず」だぞシッダルタ （ブッダ 5 巻，p. 172）

英訳 Curiosity killed the cat, Siddhartha! (Vol. 4, p. 46)

(6) 案ずるより生むがやすしということわざのとおりだ

（ブッダ 5 巻，p. 15）

英訳 As usual, the deed was less daunting than the thought of it.

(Vol. 3, p. 205)

(7) にくまれっ子世にはばかるべし，くさいものにはふたをすべし，
火のないところには煙はたたぬべし，長いものにはまかれすべ
し (ブッダ8巻, p. 156)

英訳 May ill weeds not grow apace. If it stinks, put a lid on it. Let
there be no smoke where there is no fire. If you can't lick
them, then join them. (Vol. 6, p. 30)

(8) にくまれっ子世にはばかるべし (ブッダ8巻, p. 158)

英訳 M-may ill weeds not grow apa-apace. (Vol. 6, p. 32)

3.4. 日本文化のことわざ

明示的に言う英米文化と違い，日本文化では言わなくても伝わるという
表現が多い (cf. 安藤 (2012: 122))．

3.4.1. 言わぬが花の英訳　注2)

日本語のことわざ「言わぬが花」の意味 (時田 (2000: 78))：

意味1： 言葉に表さない方が奥ゆかしくてよいということ．

意味2： 場合によっては名言しない方が差し障りがなくてよいとい
うこと．

表意1： 言わぬが花

タイプ1：日英語の表意がイコールの場合

英訳1 "Not saying is a flower." (Trimmell (2004))

表意2： 言わないことが知恵の花

【理論的説明】 花は〈知恵の花〉とアドホック概念として理解されて

いる．知恵の花とは賢いことである．

英訳2 Not to speak is the flower of wisdom. （山口 (1999: 73-74)）

表意3：言わないほうがいいことである

英訳3 Better leave it unsaid. （池田・キーン監修 (1982: 149)）

タイプ2B：日英語の推意がイコールの場合で英語の表意の英訳

英訳4 No flies get into a shut mouth.

    （閉ざした口に蝿入らず） （馬場 (2000: 4-5)）

【理論的説明】 もしも〈言わぬが花〉（＝P）なら，〈言わない方がよい〉（＝Q）

もしも，〈No flies get into a shut mouth. (閉ざした口に蝿入らず)〉なら，〈口を閉ざしたほうがよい（＝Q′）〉（Q，Q′の推意が類似している）

英訳5 No wisdom is silence.

    （口数はすくないほどよい）

    Silence does seldom harm.

    （沈黙が災いを呼ぶことはない）

    Speech is silver, silence is golden.

    （雄弁は銀，沈黙は金）

    （池田・キーン監修 (1982: 149)）

3.4.2. 沈黙は金の英訳

　もともと，寡黙である日本人は，自分の寡黙を肯定するための口実として使うが，英米人は沈黙どころかその逆で，すごいおしゃべりで，英米では，そのおしゃべりを戒めてこのことわざを使う．

英訳1 Silence is wisdom when speaking is folly.

    （しゃべって馬鹿をみるくらいなら，黙っているのが利口）

50　　　　　　　　　Ⅱ　ケーススタディー

(山本 (2007: 36))

英訳2　Least said, soonest mended.

(口数少なければ訂正もしやすい)　　　　　(秋本 (2000: 78))

口数は少ないほど禍を招くことが少ないという意. けんかの仲直りは
口論を打ち切るのが最上の策だという解釈もあり 15 世紀ごろからの
ことわざ.

【理論的説明】　いったん口にしたことを取り消すのは容易ではない
(＝P). だから, 余計なことは言わず, 口数は少ないにかぎる (＝Q).
英訳 2 の推意は〈余計なことは言わず, 口数は少ないにかぎる〉(cf.
北村・武田 (1997: 122)).

3.4.3.　口は災いの元の英訳

時田 (2000: 217)

意味1：　口からでた言葉で禍が起こるから, 言葉は慎めというたと
え.

意味2：　口という門から出た言葉が世間に広がり, やがて禍となっ
て返ってくるというのが原義で, 口が禍の出入口の門に見
立てられている.

表意 1：口は災い (＝災難) の元 (＝はじまり)

英訳1　The mouth is the beginning of disasters.

(Boutwell, Clay and Yumi (2010: 10-11))

表意 2：口は禍 (＝悪いこと) の門

英訳2　The mouth is the gate of evil.　　　　(杉田 (2001: 154))

表意 3：口は災い (＝大不幸) の元 (＝原因)

英訳3　The mouth is the cause of calamity.　　(Galef (1987: 37))

第3章　翻訳とことわざ　　　　51

表意4：口は（あらゆる）災いの元（＝根源）

英訳4　The mouth is the source of all disasters.

(Trimmell (2004: 81))

表意5：口は災い（＝災難）の元 → 口から災いがでてくる

英訳5　Out of the mouth comes evil.　　(山本 (2007: 102-103))

［倒置構文］

表意6：口は災いの元［だから気をつけなければならない］

英訳6　You must be careful with your words lest they bring evil.

(山口 (1999: 199))

タイプ 2B：日英語の推意がイコールの場合で英語の表意の英訳

英訳7　Better the foot slip than the tongue.

（口を滑らすより足を滑らすほうがましだ）

(池田・キーン監修 (1982: 216))

【理論的説明】　もしも，〈口を滑らすより足を滑らすほうがまし〉（＝P）なら，〈口を滑らすことは避けたい（＝Q)〉という想定から推意は〈口を滑らすことは避けたい（＝Q)〉.

　もしも〈口は災いの元〉（＝R）なら，〈口を滑らすこと（余計なことをしゃべること）は避けたい（＝Q)〉となり，推意は口は災いの元と Better the foot slip than the tongue が同じく（＝Q）となると説明できる.

3.4.4.　以心伝心の英訳

英語のことわざでは，The pen is mightier than the sword.（ペンは剣よりも強し）のように，明示的に文章，口に出していうことが重要視されているが日本では言葉ではなく心で伝えることが従来大切とされてきた.

　意味1：文字や言葉で表せない真理や真髄を心から心へ伝えること

意味2：とりたてて言葉で説明せずとも心が自然に通じあうこと．
「心を以て心に伝う」とも言う．禅宗において，仏法を教授する方法ならびに教授そのものとしている（時田 (2000: 50)）．

「心を以て（＝もって）心に伝う」という仏教のことば．禅宗のお坊さんが，ことばや文字であらわせない仏の教えを，弟子の心に，心でじかに伝えるということから．
意味1：口で言ったり，文字で書いたりしなくても，おたがいの気持ちや考えが通じ合うこと（金田一春彦監修 (2004: 34)）．

表意1：以心伝心（＝心を以て（＝もって）心に伝う）

英訳1　By means of the mind; connect with mind.

(Boutwell, Clay and Yumi (2010))

タイプ2A：日本語のことわざの推意が英訳された場合
もしも〈以心伝心〉（＝P）なら，〈言わないうちに，相手に何がいいたいかわかる〉（＝Q）

次は，日本語の推意が英訳された場合である：

英訳2　I know what my husband wants to say before he says it.
　　　　（夫の言いたいことは，以心伝心でわかる）

(Boutwell, Clay and Yumi (2010))

3.5. ことわざの拡張用法と翻訳

もじりの翻訳をここでは検討する．

(9)　めでたさも中ぐらいなりサラリーマン

英訳　Even good luck is small-scale in white-collar families.

（『ベスト・オブ・対訳サザエさん白版』，p. 151）

3.5.1. ことわざの拡張した用法 (1)

時田 (2000: 399) によると，明治時代のことわざ集『和諺英訳集』(1901年)『新選俚諺集』(同上) に「出る杭は浪にうたる」という表現が収められているので，川の岸に何本も並んでいる杭が波に打たれている情景を言ったものと推定される．近年は求人広告などにこれを逆用した「出る杭，出てこい」「出るクイは，引き抜きたい」「OO は，出るクイをのばします」といったキャッチコピーが現れ，江戸時代から伝来のことわざとはまったく異なる新しい側面が出ている．

(10) **出てこい，「出る杭」．** … かということを，科目登録でも楽な単位を取ろうというよりも，何を学んだらいいかを考えて，学びたいものを学ぼうと思って選んだかな．**…. 出る杭はどんどん引き抜きたいくらいに伸ばしたい．**

(*https://www.waseda.jp/fsss/sss/other/2011/04/06/990/*【社会科学部報No. 52 掲載】)

(11) "出る杭は打たれる"風潮があるのでしょうか？ アメリカではアメリカでは**"出る杭は引き抜く"**風潮があるのに．やはり日本は … 補足日本はまさに"頑張っている人の足を引っ張る""出る杭は打たれる"的な風潮があるんです．

(*detail.chiebukuro.yahoo.co.jp* 2011/05/27)

3.5.2. ことわざの拡張した用法 (2)

(12) **仏の顔も三秒まで，一万さってまた一万，早起きは三秒の得，月とスッポンポン，遠くの親戚より近くの親戚，三個目の掃除機，嘘8千** (2016.1.3 NHK テレビ番組で銀シャリのセリフ)

【理論的説明】 ことわざの創造的用法としては Anti-proverb の研究などが参考になる (Higashimori (2006), Wolfgang Mieder, Anna Tothne Litovkina (2002) *Twisted Wisdom: Modern Anti-Prov-*

erbs. Tasmania: DeProverbio.com)

3.5.3. 豊田 (2003)『英語しゃれ辞典』による創造的ことわざと翻訳の例

(13) Nonsense makes the heart grow fonder.　　(豊田 (2003: 128))

ばかげた言動はますます愛する気持ちを増す

(Absense makes the heart grow fonder. いなければ愛しさはかえって増す)

(14) A brainless beauty is a toy forever.　　(豊田 (2003: 130))

脳なし美人は永遠のおもちゃ

(A thing of beauty is a joy forever. 美しいものは永遠の喜び)

(15) Beauty is in the eye of the beerholder.

美はビールを持っている人の目の中にある

(Beauty is in the eye of the beholder. 美は見る人の目にある)

(16) Blood is thicker than water and much more difficult to get out of the carpet.　　(豊田 (2003: 132))

血は水よりも濃い，そしてカーペットから拭き取るのも水よりむずかしい

(Blood is thicker than water. 血は水よりも濃い)

(17) Don't count your checks before they are cashed.

　　　　　　　　　　　　　　　　　　　(豊田 (2003: 137))

現金化する前に小切手を数えるな

(Don't count your chickens before they are hatched. 雛がかえる前に雛の数を数えるな)

A fool and his Monet are soon departed.　　(ibid.: 146)

第 3 章　翻訳とことわざ　　　　55

バカとモネの絵はすぐに別れる

（A fool and his money are soon departed. バカと金はすぐに別れる）

(18)　People who live in stone houses shouldn't throw glasses.

（豊田 (2003: 148)）

石の家に住む人はコップをなげてはならない

（People who live in glass houses shouldn't throw stones. ガラスの家に住む者は石を投げてはならない）

(19)　You can lead a young person to college, but you can't make him think.　　　　（豊田 (2003: 153)）

若い人を大学まで連れて行くことはできるが，考えさせることはできない

（You can lead a horse to the water, but you can't make him drink. 馬を水際まで連れて行くことはできるが，水を飲ませることはできない）

(20)　Where ignorance is bliss, it is folly to take an intelligent test.

（豊田 (2003: 154)）

無知が幸せなら，知能検査を受けるのは愚かなことだ

（Ignorance is bliss. 知らないことは無上の幸せ）

(21)　Where there's life insurance, there's hope.　　（豊田 (2003: 156)）

生命保険のあるところに希望はある

（Where there's life, there's hope. 生命あるところに希望がある）

(22)　The pension is mightier than the sword.　　（豊田 (2003: 167)）

年金は剣より強し

（The pen is mightier than the sword. ペンは剣よりも強し）

56   II ケーススタディー

(23) Rome wasn't built in a day, because it was a government job.

(豊田 (2003: 171))

ローマは 1 日にしてならず，なぜなら政府の事業であったから
(Rome wasn't built in a day. ローマは 1 日にして成らず)

以下は創造的ことわざとその翻訳である．それぞれどのような意味に理解されるかが語用論的には興味深い問題である (Higashimori (2017a, 2017b)).

(24) a. 一を聞いて十を知る

英訳 You hear one and understand ten.

    1: A wise man hears one word and understands ten.

    2: Smart people are quick to infer the whole from a single bit of information.

b. 十を聞いて一を知る

英訳 You hear ten and understand one.

    1: A foolish man / An old man hears ten words and understands one

    2: A foolish man / An old man cannot understand the part of the story even if he is given the whole information.

c. 位置を聞いて住所を知る

英訳 Listen to his or her location and know the address.

(25) a. 地獄の沙汰も金次第

英訳 Even the judgement of hell depends on money.

英訳 Money is a valid passport anywhere.

b. 五輪の沙汰も金次第

英訳 Even the final decision of Olympic Games depends on money.

第 3 章　翻訳とことわざ　　57

英訳　Money is a valid passport to Olympic Games.

c.　**地獄の沙汰も弁護士次第**

英訳　Even the judgement of hell depends on lawyers.

(26) a.　**All roads lead to Rome.**（すべての道はローマに通じる）

意味 1 ：　All roads literally lead to Rome

意味 2 ：　There are different ways of doing something that lead to the same result

b.　**All roads lead to a grave.**（すべての道はお墓に通じる）

意味 1 ：　There are different ways of our lives that lead to the same result（= death）

意味 2 ：　Everyone is equal because they die

c.　**All verbal communications lead to Sperber and Wilson.**

（すべての言葉によるコミュニケーションは sperber and wilson に至る）

意味 ：　Relevance Theory can explain all verbal communications

日本語のことわざのもじりについては，森（2004, 2005），橋本（2006），荒井（2004），時田・安藤（2017）が詳しい．

3.6.　時代とともに意味の誤解しやすいことわざ

3.6.1.　灯台もと暗しの英訳

灯台は現代日本語では〈海の灯台 (lighthouse)〉であるが，このことわざの灯台は

昔の明かりで，油入りの皿を置いて火をともした．「灯台」は明かりを灯す台をさした．　　　　　　　　　　　（金田一春彦監修 (2004: 170)）

タイプ1：日本語のことわざの表意が英訳された場合

(27)　灯台もと暗し

英訳1　The darkest place is under the candlestick.　　（秋本（2000: 126））

3.6.2.　馬子にも衣装の英訳

馬子は現代日本語の孫（grand children）ではなく，〈馬をひいて人や荷物を運ぶことを職業とした人〉（a packhorse driver）のことで，昔の日本では，道で，旅人や荷物を馬にのせて，その馬を引っぱって行く，ことを仕事にしていた人で，身なりは，あまりよくなかったようです．

表意1：馬子にも［いい］衣装［を着せるとよく見える］

英訳1　Even a packhorse driver looks good in fine clothes.

（山口（1999: 539–540））

タイプ2A：日本語のことわざの推意が英訳された場合

もしも，〈あまりいい服と着ていない馬子でもいい服を着るとよく見える〉（＝P）なら，〈どんな人でも，いい服を着るとよくみえる〉（＝Q）で推意として〈どんな人でも，いい服を着るとよくみえる〉がでてくる．

英訳2　Anybody can look good when they are dressed up.

（山口（1999: 539–540））

英訳3　Clothes make the man.《衣装が人間をつくる》

（田中（2013: 90））

3.6.3.　瓢箪から駒の英訳

駒はここでは〈将棋の駒〉ではなく，〈馬〉のことをさしている．

意味1：　思いもよらないことが現実に起こることのたとえ．
意味2：　実際にはあり得ないことのたとえ．　　（時田（2000: 520））
表意1：瓢箪から駒（＝馬）［が出てくる］

第 3 章　翻訳とことわざ　　　59

英訳 1　(To one's surprise,) A horse comes out of the sake gourd
　　　　bottle　　　　　　　　　　　　　　　　（山口 (1999: 505)）

　　想定：もしも，〈瓢箪から馬がでる〉（＝P）なら，〈現実に起こりえな
　　いことが突然起こるのである〉（＝Q）．推意（Q）の英訳：

英訳 2　An unforeseen occurrence sometimes comes out of the
　　　　blue.

【ことわざの拡張した用法 (3)】創造的用法として，**瓢箪から牛**がある．

3.7.　おわりに

　本章では日本語のことわざの英訳について，関連性理論を用いて，かけ
ている要素を補って英訳する場合（飽和のケース）や，アドホック概念形
成により表意を計算して英訳する場合，さらに，想定を用いて推意を計算
して，英訳する場合，日本語と英語の異なることわざから類似の推意が導
かれるので，英語のことわざの表意を英訳したものなどをおもにデータに
基づき分析した．日本文化に根ざしたことわざを中心に検討し，ことわざ
の創造的用法にもすこし触れた．語用論的等価とは翻訳ではどのようにし
て考えるべきかを，表意，推意のことなるレベルのものを整理して，一つ
の日本語ことわざに対する複数の英訳を検討した．

　なお，奥津 (2000: 24) では，次のようなことわざは，日本人固有の発
想や文化をもとにしており，相当する英語のことわざがないとされてい
る：「義理と人目」「義理張るよりも頬張れ」「長いものには巻かれろ」「出
る杭は打たれる」「男やもめに蛆がわき女やもめに花が咲く」「地震雷火事
親父」「茄子と男は黒いがよい」「秋茄子嫁に食わすな」「女は三界に家な
し」「子は三界の首枷」これらのことわざの相違は，結局欧米と日本にお
ける神と人との関係，人生観，男や女や親や子との関係，家族制度，生活
様式の相違などからくるもので，当然のことであろう．本当に奥津のいう

ように「相当する英語のことわざ」がないのか，「相当することわざ」とは
あれば何か，この問題を語用論的等価として検討する必要がある．

なお，以下の点も検討する必要がある．

1) 石の上にも三年

   (i)「いつも一回戦で負け続けていたあのチームが，ベストエイ
   ト進出だって．**石の上にも三年**だね.」

   （金田一春彦監修 (2004: 31)）

   表意：[冷たい] 石でも，三年 [もすわり続ければ温まる]
   推意：伝えたい意味：〈どんなことでも我慢強くしんぼうすれば，
   必ずなしとげられる

2) つぎのような誤用も検討する必要がある：***言わぬが花**だから，
   この件は秘密にしておいてくれ　　　　　　　　（北原 (2007: 61)）

3) 新しく作られたことわざの英訳も問題である：赤信号みんなで
   渡ればこわくない

   if everyone crosses against the red light, then there's noth-
   ing to be afraid of; there's no reason to feel guilty about doing
   something bad if everyone does it

   (http://ejje.weblio.jp/content/%E8%B5%A4%E4%BF%A1%E5%8F%B
   7%E7%9A%86%E3%81%A7%E6%B8%A1%E3%82%8C%E3%81%B
   0%E6%80%96%E3%81%8F%E3%81%AA%E3%81%84)

第4章

翻訳とジョーク

　筆者が英和辞書（2004）『プラクテイカルジーニアス英和辞典』（大修館書店）にジョーク例文を入れようとして問題となったものは，i）日本語訳の問題，ii）音の類似と訳の問題，iii）メタ言語の問題，iv）内容理解不可能（語彙・異文化などの問題），v）笑えなくて問題（ジョークの範囲の問題）であった．

　i）日本語訳の問題，ii）音の類似と訳の問題とは，たとえば，(1)の年寄りの聞き間違いのジョークでは，windy を Wednesday と聞き間違え，それをさらに，受けて，Thursday と修正し，その Thursday を thirsty（のどがかわいている）と誤解して，それを受けて，Let's have a beer（ビールを飲もう）が落ちとなっている．(1)を和訳するには何通りにも日本語の翻訳をつけないと，なかなか理解が難しい．

(1)　lost in translation

　　Three men who were a little hard of hearing were walking along the street on a blustery day.　One said, 'Windy, isn't it?'　'No,' said the second.　'It's Thursday.'

61

The third man said, 'So am I. Let's have a beer.' ―

(Tibballs (2011: 50-51) *The Litttle Book of Senior Jokes*, London: Michael O'Mara Books)

ii）音の類似と訳の問題とは，「スタバ」「砂場」のような似た音の表現をいかに英訳するかである．

(2)　鳥取県にはスタバはないけど，日本一の砂場はある
　　　Although there is not a Starbucks in Tottori Prefecture, there is the No. 1 sandbox of Japan.

(http://www.excite.co.jp/world/english/)

4.1. 日本語訳の問題

(3)　"Why is a river rich?" "Because it has two banks."
　　　「なぜ川はお金持ちなの？」「バンクを2つも持っているからさ」
　　　《◆ bank（銀行）とのしゃれ》
　　　「なぜ川はお金持ちなの？」「2つの銀行を持っているから」《◆ bank には川岸の意もある》

(4)　"Why do cows eat money?" "So they can produce rich milk."
　　　「なぜ牛はお金を食べるの？」「リッチな牛乳を出せるから」《◆ 形容詞，お金持ちと脂肪分たっぷりの意とのしゃれ》

(5)　"Why do cows eat money?" "So they can produce rich milk."
　　　「なぜ牛はお金を食べるの？」「栄養価の高い［お金持ちの］牛乳を出せるから」

英語ジョークを2通りに日本語として翻訳し説明している例： 大島 (2016) の例

第 4 章　翻訳とジョーク　　　63

(6)　"I broke my finger yesterday, but <u>on the other hand</u>, I'm completely fine!"

　　a.　昨日，指折っちゃったんだけど，全く平気だよ！

　　b.　昨日，指折っちゃったんだけど，<u>もう片方の手は</u>全く平気だよ！

　　　　　　　　　　　　　　　　　　　　　　　　　（大島 (2016: 25-26)）

(7)　A man called an airline company. "Hi, how long does it take to fly from Tokyo to New York?" The operator answered the phone and said, "<u>Just a minute.</u>" "Wow! That fast! Thank you!" Click!

　　a.　ある男が航空会社に電話した．「どうも．東京からニューヨークってどのくらいかかるの？」電話に出たオペレーターが「<u>少々お待ください</u>」と言うと，「わお！ そんなに速いの！ありがとう！」．ガチャン［電話を切る音］

　　b.　ある男が航空会社に電話した．「どうも．東京からニューヨークってどのくらいかかるの？」電話に出たオペレーターが「<u>ちょうど 1 分です</u>」と言うと，「わお！そんなに速いの！ありがとう！」．ガチャン［電話を切る音］

　　　　　　　　　　　　　　　　　　　　　　　（以上，大島 (2016: 26)）

(8)　Father:　How are your test scores, son?

　　Son:　They're underwater.

　　Father:　What do you mean?

　　Son:　<u>Below C level.</u>

　　a.　父：　息子よ，試験の成績はどうだった？

　　　　息子：　水中だね

　　　　父：　どういう意味だい？

　　　　息子：　<u>C レベルより下ってこと．</u>

b. 息子： <u>Sea（海）レベルより下ってこと</u>．

（大島（2016: 134））

(9) "Why do golfers always carry two pairs of trousers with them?" "Just in case they <u>get a hole in one</u>."

a. 「ゴルフする人たちは，どうしていつもズボンを2着もってくるの？」「<u>ホールインワンしたときのためさ</u>」

b. 「<u>一着のズボンに穴があくためさ</u>」

（大島（2016: 147））

(10) "What begins with T, ends with T and has T in it?" "A tea-pot."

a. 「T で始まって，T で終わって，<u>T</u> が入っているものって何？」「ティーポット」

b. 「T で始まって，T で終わって，<u>Tea（茶）</u> が入っているものって何？」「ティーポット」

（大島（2016: 165-166））

4.2.　音の類似と訳の問題

音の類似と訳の問題

(11) Sheep get their hair cut at the Baa-Baa shop.

羊はメーメー鳴く店で散髪する

《◆ Baa-Baa は羊の鳴き声．これと barber（床屋）とのしゃれ》

(12) "What did the fish say when he hit the wall?" "Dam!"

「壁にぶつかった時，魚は何と言ったでしょう？」

「<u>ダムだ！</u>」

《◆ Damn!（ちくしょう！）とのしゃれ》

第4章　翻訳とジョーク　　65

(13)　"What did the fish say when he hit the wall?" "Dam [Damn]!!"
「壁にぶつかった時，魚は何と言ったでしょう？」「<u>ちくしょう</u>
[dam（ダム）だ！]」

4.3.　メタ言語の問題

(14)　"What bird never sings?" "A <u>ladybird</u>."
「決して歌を歌わない鳥は何？」「テントウムシ」

4.4.　内容理解不可能（語彙・異文化などの問題）

(15)　"What is 2 and 2?" "4." "That's good!" "Good? That is per-
fect!"
「2足す2は？」「4」「グッド」「グッド？　僕の答えは完璧じゃな
いですか！」《◆ good は (15) の意味では「評価 B」の意》

(16)　"Why don't you eat apples?" "I met a handsome doctor at the
party."
「どうしてリンゴを食べないの」「パーティーですてきなお医者
様に会ったのよ」
《◆◆ An apple a day keeps the doctor away.（1 日 1 個のリン
ゴは医者を遠ざける）ということわざで文字通りには「医者を遠
ざける」という意味から》

4.5.　笑えなくて問題（ジョークの範囲の問題）

(17)　Don't take any advice, including this.
忠告には従うな，この忠告も含めてだ

＊ジョークという感じではない.

(18) There are fences around cemeteries because many people are dying to get in.

墓地のまわりに柵があるのはなぜかって？　多くの人が中へ入りたがって仕方がないからさ

《◆ be dying to get in は「死んで中に入りかけている」とも取れる》

＊しゃれになっているか？と疑問あり

ジョークの翻訳可能性について

表意の例：

(19) "Rita, what will you do when you get as big as your mother?"
"Go on a diet, miss."

「リタ，お母さんのように大きくなったら何がしたいの？」「ダイエットです，先生」

(小西・東森 (2004))

《◆リタは big を（体が太った状態）と取った．（年をとる）の意で先生は聞いている》．

飽和の例：

(20) FATHER:　Where's today's newspaper?

SON:　I threw it out with the garbage.

FATHER:　I wanted to see it.

SON:　There wasn't much to see.　Some chicken bones, a banana peel and some coffee grounds

(Keller (2006: 26))

父親：　きょうの新聞どこ？

息子：　ゴミと一緒にすてたよ

父親： （それ）見たかったのに

息子： 見る値打ちはないよ．トリの骨とバナナの皮とコーヒー
豆のかすだよ．

「それ」を父親は新聞と理解し，息子はゴミと誤解している．

推意の例：

(21)　HOTEL OWNER:　I won't charge you for the breakfast be-
cause you didn't eat it.

GUEST:　Thanks.　By the way, I didn't sleep last night.

(Keller (2006: 19))

ホテル・オーナー：　朝御飯食べなかったので，朝御飯はだだで
す．

客：　ありがとう．ところで，夕べは眠れなかったんだけど．

（推意）宿泊料はだだにしてほしい．

(22)　Why are you singing to your baby?

I'm trying to get the baby sleep.

If I were that baby, I'd pretend to sleep already.

(Keller (1998: 35))

なぜ，赤ん坊に歌っているの？

眠らせようとしているんだよ．

私が赤ん坊だったら，とっくに眠ったふりしてるよ．

〈（推意）歌がへたくそできいていられない〉

ジョークと翻訳：

(23)　—*de re* humor

Texas tourist:　Back home it takes me the best part of a day to
drive from one side of my ranch to the other.

Local farmer:　Ah sure, I had a car like that once …!

68   Ⅱ　ケーススタディー

⟨Joke 1 … retains its humorous effect if expressed in any language⟩

(Aarons (2012: 7))

掛詞の翻訳は不可能

(24)　How long will your brother be in jail?

Thirty days.

What's the charge?

No charge. Everything's free.

(Keller (2006: 50))

⟨どんな罪をおかしたの？／料金はいくらなの？⟩⟨料金はいりません．すべてただですよ．⟩

4.6.　豊田 (2003)『英語しゃれ辞典』p. 20, p. 25, p. 197 の例

(25)　Ireland is rich because its capital is always Dublin.

(豊田 (2003: 20))

［capital: 首都，資本，Dublin＝doubling］

(26)　In the winter, it's hard to keep warm if you have a bad coal.

(豊田 (2003: 25))

［coal: 石炭，cold: 風邪］

(27)　A:　If we become engaged, will you give me a ring?

B:　Sure, what's your phone number?　(豊田 (2003: 197))

A:　結婚したら，指輪くれる？

B:　もちろん．で，電話番号は？

Resemblance in sound だじゃれ (PUN) の例：

(28)　I'm the new manager of the doughnut shop.

第 4 章　翻訳とジョーク　　　　69

Are you in charge of everything?

Yes, the hole works

(Keller (1998: 61))

ドーナッツのお店の新しいマネージャーです

すべてのことに責任があるんですか

はい，すべて（穴）に責任があります

同音異義語の例：

(29)　Of the six senses, the most important is common sense.

(里中 (2008: 84))

6つの感覚（センス）のなかで，もっとも大切なのは常識（コモン・センス）である.

[sense：感覚，common sense：常識]

(30)　Teacher:　Give me a sentence with 'analyze' in it.

Peter:　Anna says she never eats candy, but Anna lies.

(豊田 (2003: 3))

先生：「アナライズ，分析する」を含む文を言ってごらんなさい.

ピーター：　アンナは決してキャンデイーを食べないと言っていますが，アンナはうそをついています.

(31)　"What is the smallest ant in the world?"

"An infant."　　　　　(豊田 (2003: 57))

[ant：蟻，infant：赤ん坊，幼児，小児]

(32)　"What happens when the smog lifts over Los Angeles?"

"UCLA"　　　　　(豊田 (2003: 116))

Knock, Knock jokes:

(33)　Knock, Knock.　トントン

Who's there?　どなた？

Astronaut（＝Ask not）．宇宙飛行士

Astronaut who?　宇宙飛行士のだれなの

Astronaut（＝Ask not）what your country can do for you but what you can do for your country.

(豊田（2003: 5))

宇宙飛行士は国が何をしてくれるかではなく，きみが国に何ができるかだ．

[cf. John F. Kennedy 就任演説]

(34) This Buddhist walks up to a hot dog vendor and says, "Make me one with everything."

仏教徒が札を数え"ナンマイダー"〔"Make me one with everything"を「ホットドックにすべての具を入れてくれ」とたのむ意と仏教での「さとり」の意とのしゃれ〕

(アンドリュー NDR114, *Bicentennnial Man*, Columbia Pictures, 1999)

(命題の類似性)

意訳：Resemblance in sound（音の類似性）

メタ表示とジョーク

〈翻訳不可能〉 *de dicto* humor

(35) Q: What do ducks do before they <u>grow up</u>?

　　A: They <u>grow down</u>.

(Aarons（2012: 7))

アヒルは大きくなる（grow up）前になにをする？ grow down

ずれ：常識では（大きくなる前）は（小さい）であるが，ここではことば遊びで grow down とメタ表示しているところがずれている

メタ表示の翻訳：文字あるいはスペルの類似性に基づくジョーク

第 4 章　翻訳とジョーク　　　71

(36)　Which city gives you lots of shocks?

Electricity　　　　　　　　　　　　　(*Trific Jokes* (2002: 31))

〈メタ言語的〉

どのシテイがたくさんのショックを与えますか？

エレクトリシテイ（電気）です

(37)　How come you broke up with your girlfriend?

She started using four-letter words.

Like what?

Like "Find some work."

(Keller (1998: 62))

どうしてガールフレンドと分かれたの？

4 文字語を使いはじめたから

どんな？

仕事みつけて（find, some, work）

(38)　Television is a medium because well-done is rare.

(里中 (2008: 117))

テレビは媒体（ミデイアム）だ．よくできている（ウェルダン）

のは，めったにない（レア）．

（テレビ television → medium）

（肉の焼き方のことば：medium, well-done, rare）

(39)　Middle age is when your age starts to show around your mid-

dle.　　　　　　　　　　　　　　　　(里中 (2008: 112))

中年（ミドル・エイジ）とは，腹（ミドル）のあたりに年齢（エ

イジ）があらわれはじめる頃だ．

[middle age：中年, middle：おなか]

(40)　A politician was trying to drum up votes at a senior's community center.

"If I'm elected," he promised, "I'll get rid of socialism, communism, and anarchism."

"Yeah," interrupted an old man from the back of the room, "and let's throw out rheumatism, too."

(里中 (2008: 248))

ある政治家が高齢者コミュニテイー・センターで票集めをしていた．「わたしが当選した折には」と政治家は言った．「ソシアリズム（社会主義），コミュニズム（共産主義），アナーキズム（無政府主義）をなくしてみせます」「ついでに」と部屋の後方から老人がさえぎった．「リューマチズム（リューマチ）もなくしてしまえ」

[ism：政治に関する考え方を指す接尾辞, ism：病気を表す語の一部]

(41) A: I heard you play golf. What's your handicap?
     B: A wife and three children.

(里中 (2008: 166))

ゴルフをやるんですってね．ハンディは？
妻と子ども三人です．

(42) How do you start a firefly race?
     Ready, steady, <u>glow</u>! ⟨go⟩   (*Trific Jokes* (2002: 29))
ホタルレースはどのようにはじめますか
用意，ドン（光れ？）

(43) Why is a battery like a prison? Because both have <u>cells</u>!

(*Trific Jokes* (2002: 20))

なぜ電池は刑務所に似ているか？　両方ともセル〈電池・独房〉があるから．

第 4 章　翻訳とジョーク　　　73

統語・語彙形式の類似性

(44)　TV or not TV, that is the question.　　　　　　（田中 (2004: 87)）

テレビを見るべきか見ないでいるかが問題だ

(45)　Why did the girl keep her violin in the fridge?

Because she liked to play it cool.　　　　　（*Funniest*, p. 70）

その少女はなぜバイオリンを冷蔵庫に冷やしたのか . なぜなら冷
やして演奏するのが好きだったから（カッコよく演奏するのが好
きだったから）

Definition Jokes:

(46)　A:　What's the definition of 'repetition'?

　　　B:　Can you say that again, please?

（小林・チータム (2005: 111)）

「繰り返し」とはなんですか？

もう一度言ってくれませんか？

第5章

翻訳と外行語

5.1. 外行語とは

　日本語の単語が海外でどのように使われているかを，本章では主に検討する．日本に入ってきた外国語は外来語と呼び，日本語が英語圏など海外の言葉に入っていったものを外行語と呼ぶ（cf. 井上（2012）「日本語の世界進出―グーグルでみる外行語」『外来語研究の新展開』97-111）．

5.2. 海外での日本語の使用状況

　現代英語には，日本語から英語にはいった単語がたくさんあり，John Ayto（2013: 260）*Oxford School Dictionary of Word Origins* によれば，20世紀後半までに英語に入った新語を見れば，日本語がなんと第3位だという（By the end of 20th century Japanese was the third largest foreign contributor of new words in English.）具体例は，芸者 → geisha (literally 'art person'), 腹切り → hara-kiri: ritual suicide (literally 'belly cut'), 柔道 → judo (literally 'gentleness art'), カラオケ → karaoke: singing to a recorded accompaniment (literally 'empty orchestra'), 空

74

手→karate（literally 'empty hand'），着物→kimono: a type of loose robe（literally 'clothes'），すし→sushi: a dish based on cold boiled rice，財テク→zaitech: a type of financial investment, from Japanese zaiteku（literally 'wealth technology'）などがある．

以下は最近海外で用いられ日本語の例である．

(1)　絵文字→Emoji

    a.　Emojis of Bolt and Sir Mo feature as part of IAAF World Championships digital toolkit

      An emoji of four-time Olympic gold medallist Sir Mo Farah, winner of the 5,000 and 10,000m at the last two World Championships and Olympic Games, has also been included as part of the toolkit.

      （http://www.insidethegames.biz/articles/1053590/emojis-of-bolt-and-sir-mo-feature-as-part-of-iaaf-world-championships-digital-toolkit）

    b.　I first discovered emoji in late 2008, when using them required downloading a special Japanese iPhone app to unlock the emoji-only keyboard. I became obsessed with writing full sentences in emoji and sending them to everyone I knew.　　　　　　（Benenson (2015: 4)）

(2)　和食→Washoku

    World Heritage—The world of Washoku

    In Japan, there are many different food cultures, including famous foods such as sushi, tempura, and sukiyaki, that are well known overseas, and also other, equally delicious but less well known foods such as ramen and takoyaki. Among these is "Washoku" (Japanese cuisine), which has been recently recorded on the list of the World's Intangible Cultural Heritage.

(http://japan-magazine.jnto.go.jp/en/1402_food.html)

(3) 被爆者 → hibakusha

Key ICAN member congratulates hibakusha over Nobel Peace Prize at Tokyo meeting.

(https://www.japantimes.co.jp/tag/hibakusha/-)

(4) 枝豆 → edamame

When you buy frozen *edamame* from Seapoint Farms, you can be sure that you are getting the best tasting *edamame*. ... or dinner, add some of SeaPoint Farms' *wasabi* flavored *edamame* and *taste* your way into mouth full of exotic *flavor*!
(http://www.seapointfarms.com/dry-roasted-edamame-is-a-healthy-snack.html)

英米圏では枝豆はわさび味で，日本の塩味とは違っている．

世界での edamame の使用現状を見るため Google ngram（cf. google trend）を検索すると以下のようになる．

5.3. 関連性理論での説明

関連性理論では借用（borrowing）は一種の Echoic use（エコー的用法）

と考えられる．この用法は発話の話し手が，自分以外の誰かの発話や思考を利用したり，その思考や発話に対する態度を示すような言語使用のことで，広く知られた諺や教訓などを発話で反応したり，他者による反復，アイロニー発話も言語のエコー的用法の一種としてとらえることができる (cf. Clark (2013: 248))．

日本語から英語にするときには翻訳借用 (loan translation, calque) も考えられる：牛丼（ぎゅうどん）→ beef bowl, 公衆浴場→ public bath, 麦茶→ barley tea；English to Japanese: electric chair→電気椅子, Fifth Avenue→五番街, independent variable→独立変数, loan word 借用語, Salvation Army→救世軍, securities market→証券市場, solar cell→太陽電池 (Hasegawa (2012: 171))．

さらに，日本語から英語になる場合には，以下の下線部のような説明的に名詞を加えて翻訳することが一般的である： 椎茸→ shiitake mush-room, 浅草寺→ Sensoji temple, そば→ soba noodles, 畳→ tatami mat, 能→ No play, ポン酢→ ponzu sauce, 羊羹→ yokan jellied sweets, 浴衣→ yukata robe. これは，命題の（意味内容の）類似性によるもので，説明的な翻訳の一種と考えられる．

また，Forncrook (2017: 20, 46, 92, 156)『英語にない日本語』も次のようなことばの意味内容の類似性 (resemblance in propositional content) の例を挙げている．

内弁慶→ A person who acts big at home but is a coward outside

忖度→ To conjecture what someone else is feeling

猫舌→ To be sensitive to hot foods/drinks, This is (too) hot for me.

草食男子→ (Japanese herbivore men) A calm and cooperative man who is passive romantically

5.4. 日本語でのもとの意味とは変化して用いられている外行語の例

関連性理論ではアドホック概念形成により，以下の意味変化を扱うことになる．

Satsuma（薩摩）はイギリスでは日本の冬に食べるみかん（Satsuma orange）の意．Hibachi（火鉢）は日本語では冬に炭をいれて使用する暖房であるが，カリフォルニアでは浜辺でバーベキューに使う，コンロの意となっている．a charcoal brazier, a portable brazier with a grill, used for outdoor cooking（Evans（1997: 53）*A Dictionary of Japanese Loanwords*）．また，kamikaze は現代日本語ではあまり使用されないが，英米圏では荒っぽい運転をするひとを a kamikaze driver と表現する．

(5) Hoy leaves Games stage with golden place in history: Scot deposes Redgrave as most decorated GB Olympian with sixth gold in as most decorated GB Olympian with sixth gold in *kei-rin*.

(*The Independent*, 8 August, 2012)

a cycle race in which track cyclists complete several laps behind a motorized bicycle before sprinting（= cycling as fast as they can）〈英語ではオリンピックの自転車競技が keirin で日本語ではもともと自転車による賭博をさす〉．

また，メタファーでの使用も可能である．

(6) a *tsunami* of Red Ink sweeps across Japan.
（赤字の波が日本中を襲っている）

(7) the Japanese corporate *samurai*（日本の企業戦士）

（以上 2 例 Evans（1997: 196, 149））

(8) 大君 → a rich businessman *tycoon*（literally 'great prince'）（お金持ちの実業界の大物） （Ayto（2013: 260））

第 5 章　翻訳と外行語　　　　79

このような日本語の本来の意味を英語として借用語化するとアドホックな概念形成（Ad hoc concept construction）で関連性理論で分析可能である．

さらに，世界に目を向けるとスウェーデンでは健康ブームのおかげで，ONAKA という名前のヨーグルトがスーパーにたくさん並んでいるし，フィンランドでは日本との連想しやすい GEISHA という名前のチョコレートが一般のスーパーでも購入できるし，KARAOKE だけでなく，日本の食べ物，道具，文化などがどんどん海外へとでていっている．国際化がたやすい交通手段により，容易になったいま，世界の言語が簡単に移動し，意味も適当に変えられて使用されている．

(9)　Wagamama（ロンドンの日本食チェーン店の名前）

(10)　onaka　（http://hobo-san.blogspot.jp/2004/01/onaka.html）

(11)　geisha　（http://www.google.co.jp/imgres?imgurl = http://www.chocablog.com/wp-content/uploads/2013/01/fazer-geisha.jpg&imgrefurl = http://www.chocablog.com/reviews/fazer-geisha/&h = 460&w = 800&sz = 135&tbnid = MiHV6KGQLNxrhM:&tbnh = 90&tbnw = 157&zoom = 1&usg = ___E1zlGDf0D-e8Xmsctm95VL2yWv8 = &docid = Pa0g8B5cyt7I3M&sa = X&ei = ZvkhUui3EoXNlAX4n4GQAw&ved = 0CEIQ9QEwBA&dur = 598）

5.5.　日本語から英語への翻訳の実例

(12)　それと先輩が夜ね旧校舎側の道を通ったら　　　　　　（GH, p. 6）
　　　　原文表意（日本語原文（Source Text = ST）ST Explicature）
　　　　語用論的操作：Echoic use of concepts　翻訳表意（TT Explicature）

　英訳　And on one evening, my sempai was passing by the old building and …

80 II ケーススタディー

(13) でもおばあちゃん家のオハギはとても好き！ （トトロ, p. 115)

But I'm glad he brought this cake you made. It's great. Granny!   (Totoro, p. 113)

(14) ボクがおはぎ食べたというんでーす

She says I ate the ohagi!

（『ベスト・オブ・対訳サザエさん青 版』, p. 12)

以下はアニメでの日本語の英訳の例である.

(15) おミコシがとおるよみにいこうよ

A *mikoshi's* passing. Let's go and watch.

（『ベスト・オブ・対訳サザエさん白版』, p. 6)

(16) マツタケか！ ことしはバカにやすいんだってな

Ah, matsutake mushrooms! This year their prices have come down like crazy.   （『ベスト・オブ・対訳サザエさん白版』, p. 8)

(17) カンヅメはここ，ツクダニはこのなか

The cans are here and the *tsukudani* is over there.

（『ベスト・オブ・対訳サザエさん白版』, p. 70)

(18) 質より量ならタイヤキ

On the other hand, taiyaki are more filling.

（『ベスト・オブ・対訳サザエさん白版』, p. 87)

(19) おはぎ　みつ豆

Sweet snacks   （『ベスト・オブ・対訳サザエさん白版』, p. 144)

(20) ママーきのうのヨウカンだす？

Mom, shall I serve yesterday's bean jelly?

（『ベスト・オブ・対訳サザエさん赤版』, p. 30)

第 5 章　翻訳と外行語　　　　　　　　　　　81

(21)　フスマヤさんだ

It's the man who repapers the sliding doors.

（『ベスト・オブ・対訳サザエさん赤版』，p. 67）

(22)　いまじゃおでんやってます

Now he's running an *oden* restaurant.

（『ベスト・オブ・対訳サザエさん青版』，p. 19）

(23)　ようかんだ　おもいとおもった

It's *yokan.* I thought it was heavy.

（『ベスト・オブ・対訳サザエさん青版』，p. 20）

(24)　東京まつりの大名行列だ

It's the Tokyo Festival's *daimyo* procession!

（サザエさん Vol. 12, p. 143）

(25)　おしるこでもつくりますからごゆっくり，って

She said she'll make you some *oshiruko,* so please stay.

（サザエさん Vol. 12, p. 143）

(26)　このおだんごおいしい

These dango are good, aren't they?　　　　　　（OL, p. 99）

その他の用例：

(27)　ご注文は？ 焼肉定食とかつどん

What would you like? The full barbecue course and … the breaded cutlet with rice.　　　　　　（OL, p. 110）

(28)　晩ゴハンは肉じゃがと … あとなにしよう

トーフあるよ　冷やっこにすれば？

Dinner's pork and potato stew and … What else shall I make?

There's some tofu. What about cold tofu with soy sauce?

(OL, p. 110)

命題内容の類似性： 意訳

(29) 趣味ですか？ テニス，ゴルフ，マラソン

My hobbies? Tennis, golf, long-distance running   (OL, p. 84)

［cf. a marathon］

(30) 心配しないで単なるヤケ食いだから

Don't worry. I'm just stuffing myself 'cause I'm feeling des-

perate, nothing more.   (OL, p. 52)

第 6 章

翻訳とことば遊び

　本章では，サラリーマン川柳の英訳，俳句の英訳，『ブッダ』の中での手塚治虫のことば遊びを扱う．語用論的拡充は日本の俳句の翻訳などにもよく見られる．理論的には関連性理論では意訳といわれるものは，命題形式の類似性で説明できる．(1)「プリクラ」は photo stickers, (2)「古池や」の言語表現にない，語用論的拡充による〈静かさを破る〉Breaking the silence of an ancient pond, という下線部の翻訳は，両者が伝えたい命題形式の類似性で説明が可能であり，日本語は最小限度の表現であるが，英訳では，伝えたいニュアンスまでを明示的に表現している．(3) の上から下にいくにしたがって，芭蕉の俳句の英訳が長くなるのは，語用論的拡充がより複雑な情報まで追加していくのに段階があることを示している．

関連性理論では表意のみでなく推意までも英訳する場合にはかなりの段階があることの証拠となる．

(1) a.　Join the (*Print*) *Club*

　　　Young people are lining up all over Japan for the latest teen

83

84   II ケーススタディー

craze—*photo stickers.*   (*Mangazine,* No. 70, 1997, p. 2)

  b. 古池や蛙飛び込む水の音（芭蕉）   (Gutt（1991: 132））

      Breaking the silence / of an ancient pond. / A frog jumped

      into water— / A deep resonance   (Yuasa（1987: 237-238））

(2)   An old pond / A frog jumps in / The sound of the water.

                                         (Giroux（1974: 48））

      An old pond: a frog jumps in-the sound of water

                                            (Sato（1983: 149））

      The old pond. / A frog jumps in— / Plop!   (Blyth（1942: 217））

      The old pond; / A frog jjumps in— / The sound of the water

                                          (Blyth（1949: 39））

      The old pond <u>is still</u> / and as a frog leaps in it / the sound of a

      splash   (Miner（1979））

(3)   The ancient pond / A frog leaps in / The sound of the water.

      The quiet pond / A frog leaps in / The sound of the water.

      Into the calm old lake / A frog with flying leap goes plop! /

      The peaceful hush to break.

      A <u>lonely</u> pond <u>in age-old stillness sleeps</u> ... / Apart, unstirred

      by sound or motion ... till / <u>Suddenly</u> into it a <u>little</u> frog leaps

                                   （池上（2006: 230-231））

6.1. サラリーマン川柳の英訳

(4)   陰口を言う人嫌いと陰で言う

     a.   "I hate backbiting people," she says in his absence.

     b.   It's easy to say

        "I hate his backstabbing ways"

第 6 章　翻訳とことば遊び　　　85

When he is absent

（長野 (2008: 23)『サラ川グリッシュ』）

(5)　喜寿米寿還暦の子に介護され

a.　I'm 88, my wife 77.　We are cared for by a 60-year-old son.

b.　Retired from his job

Now our son can use his time

To care for his folks

（長野 (2008: 47)）

(6)　うちの子第一志望はホグワーツ

a.　Our son's first choice of schools is Hogwarts.

b.　You'll never guess which

School my son chose to attend

Ha, ha, ha … Hogwarts

（長野 (2008: 51)）

(7)　プロポーズあの日にかえってことわりたい

a.　My wife's marriage proposal: I'd like to go back to that day and decline it.

b.　My proposal day

I'd seek a cancellation

If I could go back.

（長野 (2008: 57)）

(8)　ツールバー何処の飲屋と聞く上司

a.　Upon hearing 'tool bar,' the boss says, "Let's go there for a drink."

b.　"Where is that 'tool bar'?"

Asks the behind-the-times boss

"Let's go there for drinks"

(長野 (2008: 127))

6.2. 俳句の英訳

俳句の英訳：

(9) 一句！「ジョニ黒がヤケ酒になるかへい危機」

(『対訳サザエさん』Vol. 12, p. 79)

英訳 To make a haiku of it: "Currency crisis—Use Johnny Walker Black to throw a few back."

(10) Issa's Haiku (Issa's Haiku Home Page)
やれうつなハエが手をする足をする

英訳 Look, don't kill that fly! It is making a prayer to you by rubbing its hands and feet.

(11) あの月を取ってくれと泣く子かな

英訳 The fall moon and a child crying to get it.

6.3. 『ブッダ』の中での手塚治虫のことば遊び

(12) いや一大事，じつに二大事，おっと三大事 （ブッダ7巻, p. 101)

英訳 This is important. No, it's urgent. No, it's an emergency.

(Vol. 5, p. 103)

参考： もともと，一大事とは仏教用語ではブッダがこの世に現れることを指す.

(13) シッダルタは前から思いあがっていたがとうとう四角四面のや

第 6 章　翻訳とことば遊び　　　　87

ぐらの上で ... フム八木節でもおどりだしたのか

(ブッダ 3 巻, p. 235)

英訳　Siddhartha's always thought too highly of himself, but now he's actually atop a four-walled tower … What's he doing there, dancing?　(Vol. 2, p. 313)

(14)　王子さま！

八王子　立川　　　　　　　　　　(ブッダ 3 巻, p. 127)

英訳　I love you.

I love you, too ...　　　　　　　　　　(Vol. 2, p. 205)

(15)　きさきが玉子を生んだ !!　　　　　(ブッダ 3 巻, p. 178)

英訳　The queen bore a prince!!

(16)　あなた玉子ではありません　王子ですわ

英訳　Relax, Dear, he's not going anywhere.　　(Vol. 2, p. 256)

固有名詞の英訳 (だじゃれ):

(17)　デメクロ国のブッカンボッカン大王さまでございます

(ブッダ 2 巻, p. 92)

英訳　Earknob, the great king of Nowhere, hails the prince!

(Vol. 1, p. 336)

ドデモイー国のカクダ・ケムダ王さまのおこしーイ

(ブッダ 2 巻, p. 92)

英訳　King Fraud of Notalent is here with a gift!　　(Vol. 1, p. 336)

(18)　あ　あああの　あの

あしたがきたんです

きょうはあしたじゃないのにあしたになったんできょうはきのうになりました　　　　　　　　　(ブッダ 3 巻, p. 94)

88   II ケーススタディー

英訳 Y—y-y-your Hi-hi-highess! A-a-a-tisa, I mean ASATI. That's
to say ATASI ... is all I need to say!   (Vol. 1, p. 338)

(19) マイコンとダイコンの区別も知らねえんだからオヤジは

(ブッダ9巻, p. 206)

英訳 You don't even know what I'm talking about, Dad.

(Vol. 6, p. 334)

第 7 章

翻訳と仏教

7.0. はじめに

　日本語の日常語にも仏教由来の単語も多いが，元の意味からはかなり変化している：

   i)   玄関（＝玄妙な道に進みいる関門）
       「仏教の奥義へ至る入り口」→「禅寺の書院への入り口」→〈家の入り口〉

  ii)   挨拶：挨は「押す」拶は「せまる」の意で，「前にあることを押しのけて進み出ること」   （辻本（1984: 8）『仏教用語豆事典』）
       →「禅問答におけるやりとり」→〈人との出会い・別れの際のやりとり（社交的なことば）〉

 iii)   関空は西日本の空の玄関です．
       玄関→（飛行機による）出入りする場所

　本章では理論的にかなり複雑な翻訳のプロセスと理解プロセスを解明できることを仏教用語および仏教におけるテキストの英訳を見てみよう．具体的にはこの認知語用論を用いて，仏教用語（他力本願，我慢，有頂天，

90   II　ケーススタディー

蒲団，自我，煩悩など）の英訳について考察する．関連性理論では逐語訳
の場合は統語形式・語彙形式の類似性に基づき説明できると考え，意訳と
いわれる場合は，命題形式の類似性で説明できると考え，両極の中間に
は，いろいろな類似性の段階を考えている．

7.1.　仏教用語と音の類似性 (Gach (2004))

mondo (Japanese) Zen question and answer, similar to koan prac-
tice, with an immediate answer required.

mu (Japanese) Nothing, not, nothingness, un-.

mushin ("No mind.") Innocence, nondualist awareness, no-thought,
beyond skill.

nembutsu: In Pure Land Buddhism, recitation of the name of Am-
itabha Buddha (*Namo Amida Butsu,* Japanese; *Namo Amitofu*,
Chinese, in which case recitation is called *nien fo*).

(Gach (2004: 370))

satori: The experience of awakening or enlightenment. (Usually sa-
tori is reserved for the Buddha, and personal satori is called *ken-
sho.*)

shinjin: Further, there is true and real shinjin. It is expressed in the
compassionate Vow of birth through the nembutsu.

(*The Collected Works of Shinran*: Vol. 1, p. 640)

7.2.　仏教用語と統語・語彙形式の類似性

　日本語の文字通りの1語1語の英語への翻訳がこの場合の特徴であり
借用翻訳 (loan translation) の形式となり，次のように定義される．

第7章　翻訳と仏教　　　91

loan translation—def. an expression adopted by one language from
another in a more or less literally translated form

日常語での天下りを descent from heaven と訳すようなもので，これ
では，役所などの退職者がまたほかの企業のトップに再就職するとい
う意味は伝わらない.

(1)　Their goal was to preserve choice posts for **amakudari (literally "descent from heaven")**, in which retired bureaucrats are
often given cushy jobs in industries they formerly regulated.

(*The Nikkei Weekly* (ed.) (1994: 44))

しかし，2言語間の翻訳では，この借用翻訳の形式は原語の意味理解には
有効であるので，仏教用語の翻訳では以下のように多用されている.

(2)　*Amidabutsu* is literally translated as "the Buddha of Endless
Light."　　　　　　　　　　　　　　　　　　(Hawkins (2004: 179))

(3)　*Abhiseka* is literally translated as "sprinkling."　　　(ibid.)

(4)　*Mahayana* is literally translated as "the Great Vehicle."

(Hawkins (2004: 183))

(5)　Theravada is literally translated as "the Way of the Elders."

(Hawkins (2004: 188))

(6)　bhikku: Buddhist monk; literally means "beggar," as monks
beg their meals from the lay community each day.

(Gach (2004: 367))

(7)　duhkha (Sanskrit; literally, a wobbly axle) Dissatisfaction,
stress, suffering, anguish, pain, caused by craving or attachment to what is without a stable, separate identity.

(8) In the nineteenth century, Shinran was given the posthumous name *Kenshin Daishi* (lit. "Great Teacher—the Seer of Truth") by the Emperor Meiji. (*Jodo Shinshu: A Guide*, p. 94)

7.3. 語用論的拡充 (**Pragmatic enrichment**) と仏教用語・仏教テキストの翻訳について

2 言語間の意味の拡充については以下の定義がされている.

Interlingual (*pragmatic*) *enrichment*
An utterance is a case of interlingual enrichment if its semantic representation is the intended enrichment of the semantic representation of an utterance from another language.

(Sequeiros (2002: 1078))

以下の英訳では下線部が語用論的拡充の例である.

日本語には念仏 (Nembutsu) の表現がないが英訳には Nembutsu が出てくるタイプ:

(9) 拝む手につたわるみ名のあたたかさ

(2006.9 月真宗教団連合カレンダー)

英訳 I feel the warmth of the Name through placing my hands together in *the Nembutsu*.

日本語にはだるまはないが，英訳で出てくるタイプ:

(10) 人生は聴聞を続けることで広く深くなる

(2006.11 月真宗教団連合カレンダー)

英訳 Life becomes broader and broader through listening to *the Dharma*. [Dharma の見出しは稲垣 (編集) (1995) にはなし]

第7章 翻訳と仏教　　　93

仏の英訳は Buddha となっている場合：

(11)　仏の願いはそのまま私の願いはわがまま

(2006.11月真宗教団連合カレンダー)

英訳　*Buddha*'s wish is "be just as you are".

My wish is "just as I want".

［なお，Buddha の見出しは稲垣（編集）（1995）にはない］

7.4.　仏教用語と命題内容の類似性

RESEMBLANCE IN PROPOSITIONAL CONTENT

日本語の内容を or を用いて言い換えたり，（　）を用いて言い換えたりするのがこの場合の特徴である．

(12)　Professor David Bayley, author of the book Forces of Order, studied the Japanese **koban**—**or "police box"** —from the inside （『インタビューフラッシュ日本編2』, p. 20)

(13)　Taking advantage of the growing popularity of marathons and **ekiden (long-distance relay road race)**, more and more firms are forming women's track teams.

(*The Nikke Weekly* (ed.) (1994: 230))

以下の仏教用語での下線部が意味内容の言い換えとなっている．

(14)　The basic cause of our suffering, Sakyamuni Budddha taught, is our *bonno*—our base passions or worldly desires. Bonno is often referred to as "blind passions."

(*Jodo Shinshu: A Guide*, p. 17)

(15)　An example is the placement of received gifts, or the presenta-

tion of cooked rice (*buppan*) and other foods (excluding fish
and animal flesh) in front of the altar.   (ibid., p. 127)

(16) The Goeido is known as the "fundamental *dojo* (practice hall)
      for hearing the Jodo Shinshu teaching."   (p. 112)

(17) A picture of a deceased person, or memorial tablet (*ihai*) with
      the deceased person's name does not occupy a central position.
                                                        (p. 126)

(18) Shinran remarked, "My shinjin and Master Honen's are one. If
      shinjin was a matter of self-centered effort, (self-power, *jiriki*),
      then there would, of course, be a great difference in wisdom
      and in the depth of the Nembutsu experience. But since the
      shinjin based on "Buddha-centered power" (Other Power, ***tari-
      ki***) is received from Amida Buddha, there could not be any
      difference."   (p. 42)

7.5. 仏教用語のデータと英訳について

7.5.1. 仏教に関する翻訳と英和辞書作成について

　筆者は『プラクテイカル・ジーニアス英和辞典』の編集主幹として，以
下のような仏教文化の翻訳例を例文としてあげたが，仏教用語の翻訳とか
人や国の名前などの翻訳はどのようになっているか興味がわいた．ここで
は仏教の翻訳が buddhism，シャカ（釈迦）の翻訳が Shakyamuni となっ
ている．

　　仏教が日本に伝わったのは 6 世紀の半ばで日本人の精神文化を形成
　　しています．

　　英訳 Buddhism (bukkyō) came to Japan in the middle of the sixth century and has shaped the spiritual culture of the Japanese people.

仏教は紀元前 5 世紀にインドのシャカによりはじめられた宗教で，6 世紀になって，中国・朝鮮を経て日本へ伝わった

英訳　Buddhism is a religion which originated with Shakyamuni in India in the 5th century B.C.　It was introduced into Japan in the 6th century by way of China and Korea.

7.5.2.　英国で作成された辞書と仏教用語について

日本語の広辞苑にあたる英国オックスフォード大学で編纂された *Oxford English Dictionary* は第 1 版は 1928 年に完成し，45 語の日本語から英語になった語が採用されている．補遺 1 版は 1933 年に出版され，41 語の日本語から英語になった語が採用され，その中には豆腐や布団の用語が入っている．

Tofu　1880 初出年　用例 6 例：
　定義：　The bean-curd or bean-cheese of China and Japan, made from soya beans.
　用例：　*Tofu* is made by pounding the soy beans after soaking in water.

Futon　1886 初出年　用例 2 例：
　定義：　A Japanese bed-quilt.
　用例：　The *futons*, or comforters, are … hung over the balcony rail to air.

補遺 2 版は 1972-86 に出版され，279 語の日本語から英語になった語が採用され，その中には（浄土）真宗，座布団，禅などの用語が入った．

Shinshu　1727 初出年　用例 2 例：
　定義：　the True Pure Land Sect of Buddhism

用例： The monks of the Chinese and other *shinshu* monasteries send also some of the fraternity to go a begging six times a month.

Zabuton　1889 初出年　用例 5 例：

定義： a flat floor cushion on which one sits on kneels.

用例： The Japanese is only comfortable when resting on his knees and heels on a cushion (*zabuton*).

Zen　1727 初出年　用例 6 例：

定義： A school of Mahayana Buddhism that emphasizes meditation and personal awareness and becme influential in Japanese life from the 13th century after being introduced from China.

用例： Meditation came to have more weight than the other two factors, until in China and Japan there arose a sect, the *Zen* …

なお, Shinshu（真宗）は OED（Second Edition）CD-ROM（1992）にも, Evans（1997）にも掲載されているが, 中型・小型の英英辞典には通例は項目としては掲載されていない.

7.5.3.　仏教用語と身近なところに見られる英訳について

真宗教団連合カレンダー（2006 年版）にでてくる仏教用語の英訳と, 稲垣（編集）（1995）「真宗用語英訳グロッサリー」（龍谷大学仏教文化研究所）による用語集の英訳を比べてみると, 同じ用語がいろいろに英訳されているが, なぜだろうか？ 本稿ではこの点を関連性理論（認知語用論）から検討してみる.

・念仏：

(19)　念仏は苦悩を避けるのではなく乗り越える力

第 7 章　翻訳と仏教　　　　97

英訳　*The Nembutsu* is the power to transcend all suffering but not to avoid it.　　　　（2006.2 月真宗教団連合カレンダー）

(20)　念仏もうさんとおもいたつこころのおこるとき
　　　　　　　　　　　　　　　　　　　（『歎異抄』第 1 条，p. 10）
〈現代語訳〉念仏を称えようと思い立つ心が起きた時
英訳　because no good surpasses the nembutsu
　　　　　　　　　　（*The Collected Works of Shinran* Vol. I, p. 661）
A Record in Lament of Divergences が歎異抄の英訳．

(21)　しかるに念仏よりほかに往生のみちをも存知し
　　　　　　　　　　　　　　　　　　　（『歎異抄』第 2 条，p. 14）
〈現代語訳〉しかしながら，この私が念仏より他の別の往生の道を知っているのではないか
英訳　The reason is, if I could attain Buddhahood by endeavoring in other practices, but said the nembutsu and so fell into hell, then I would feel regret at having been deceived.
　　　　　　　　　　（*The Collected Works of Shinran* Vol. I, p. 662）

(22)　Nembutsu　念仏
　　　His Holy Name; Nembutsu; nembutsu; Nembutsu-doctorine; saying the nembutsu; to say the Name; to say the nembutsu; to utter the Nembutsu
　　　　　　　　　（稲垣（編集）（1995）「真宗用語英訳グロッサリー」）

• 浄土：

(23)　浄土への道は彼方ではなく私の足元にある
英訳　The path to *the Pure Land* is not far away; it lies right at our feet.　　　　（2006.5 月真宗教団連合カレンダー）

98　　　　　　　　　Ⅱ　ケーススタディー

(24)　Jodo　浄土

Buddha Land; Jodo school; Paradise; Path of Pure Land; Path
of the Pure Land; Pure Land; pure land; Pure Land doctorine
which teaches salvation by entrusting oneself to Amitabha;
Pure Land Gate; Pure Land (Path); Pure Land Path; Pure Land
path; Pure Land school; Pure Land (teaching)

(稲垣（編集）(1995))

・「木魚」（もくぎょ）を英語でどのように翻訳するかということで，a
fish-shaped drum と訳すだけでは何に使用するものか，英米人にも現代
の日本人の若者にも理解できないと思われる．ちなみに *Japanese-English Buddhist Dictionary* (Revised Edition) p. 222 では次のように説明
している．

(25)　Mokugyo　木魚

A wooden drum used in Buddhist temples. Originally carved
in wood in the shape of a long fish. The shape is explained by
the story that *Chin-chang-hua* (*Shin-choke*) made the first
wooden drum shaped like a fish in order to get rid of stone
drums. Another version is that priests could be encouraged to
work hard by the shape of a fish which was believed never to
close its eyes in sleep.

・「蒲団」（ふとん）はもとはお坊さんが座るための丸くて，植物の蒲で
作った座布団のようなものであったが，寝るときの寝具で長方形で大きな
ものを現在では指している．*A Glossary of Zen Terms*, p. 69 では次のよ
うに説明している．

(26)　Futon　蒲団

A rush mat for sitting in meditation.

第7章　翻訳と仏教　　99

英米の辞書では以下のように Futon はマットレス，ソファ，クッション，
家具，座るものなどさまざまに定義されている．布団に対する日本と英米
での利用方法がことなっていることによると考えられる．

(27) *CIDE* (1995): a **MATTRESS** (= large flat frim bag filled with
soft material and used for sleepin on) which is used on the
floor or on a wooden flame

COD[9] (1995): 1. a Japanese quilted mattress rolled out on the
floor for use as a bed　2. a type of low wooden **sofa bed**
having such a mattress.

OALD[5] (1995): a Japanese **MATTRESS** that can be rolled out
to make a low bed.

LDOCE[3] (1995): a flat soft **CUSHION** used for sleeping on,
especially in Japan

COBUILD[2] (1995): A futon is a piece of **FURNITURE** which
consists of a thin mattress on a low　wooden frame which
can be used as a bed or folded up to make a CHAIR

COLLINS (1995): A futon is a type of padded quilt which can
be laid on the floor as a bed, or folded up and used as a
SOFA

Harrap's (1995): A futon is a cloth-filled **mattress** intended to
be used on the floor and rolled up when not in use.

Random House Webster's (1997): a quiltlike mattress placed
on a floor or a frame for sleeping, and folded and stored or
used as seating.

Newbury House (1996): no entry word for FUTON

• 他力本願：

(28)　彼はいつだって他力本願だ：He always relies [depends] on others.（他人に頼る）

（『ジーニアス和英辞典』第 3 版）

(29)　Tariki　他力

The power of the other, i.e., *Amida*. This term suggests the idea of seeking rebirth in the Pure Land by relying completely on the power of *Amida*. *Tariki* is used in contrast to *jiriki*.

(*Japanese-English Buddhist Dictionary* (Revised Edition), p. 349)

• 我慢：

(30)　我慢　patience, tolerance, endurance

（『ジーニアス和英辞典』第 3 版）

(31)　Pride of self. Arrogance due to the erroneous view that man has a real, immutable self. One of the four primary defilements.

(*Japanese-English Buddhist Dictionary* (Revised Edition), p. 75)

• 有頂天：

(32)　有頂天　ecstasy, rapture　　　　　（『ジーニアス和英辞典』第 3 版）

(33)　The Highest Heaven (Inagaki (1991: 414))

The fourth and highest heaven in the world of form.

(*Japanese-English Buddhist Dictionary* (Revised Edition), p. 359)

• 自我： *Japanese-English Buddhist Dictionary* (Revised Edition), Inagaki (1991)，稲垣（編集）(1995) にもこの項目なし

(34)　ego, (the) self　　　　　　　　　（『ジーニアス和英辞典』第 3 版）

第7章 翻訳と仏教 101

• 煩悩：

(35) 煩悩 worldly [earthly] desires （『ジーニアス和英辞典』第3版）

(36) Afflictions, evil passions （Inagaki (1991: 18)）
Illusion. Those mental functions which disturb the mind.
They are divided into basic and derivative types.
（*Japanese-English Buddhist Dictionary* (Revised Edition), p. 21）

英語で最近書かれた仏教入門書に載せてある用語集 (Glossary) では浄土，
だるま，Buddha の英語による定義は以下のようになっている．

• 浄土：

(37) **pure land**: A field created by Buddha's enlightenment, in
which he then dwells. （Gach (2004: 370)）

• だるま：

(38) **Dharma**: The Buddha's teaching and the things to which they
pertain (everything). Additional meanings: law, path, righ-
teousness, phenomena, and reality, depending on the context.
（Gach (2004: 368)）

• Buddha：

(39) **Buddha**: From the Sanskrit root *budh,* "to wake." The Fully
Awakened One. Awake and capable of awakening others.
（Gach (2004: 368)）

7.5.4. 本格的な仏教用語や仏教のお経の英訳
以下のように日本語をそのままローマ字化して借用した英語表現

102 II ケーススタディー

(*Shoshinge*) とその意味内容の翻訳 (Hymn of True Faith) などが見られる.

・正信念仏偈 (Hymn of True Faith) (Hongwanji International Center (2002) *Jodo Shinshu: A Guide*, p. 24)

(40) Shoshinge (The Gatha of True Shinjin and the Nembutsu)

(p. 129)

This is followed by the chanting of *Shoshinge* and the offering of incense by the congregation. (p. 136)

(41) Shoshin-ge　正信偈

Also Shoshin-nembutsu-ge. The last part of the sixth volume of the *Kyogyoshisho*, written by *Shinran*. Followers of Shinran have chanted these one hundred and twenty verses, morning and evening, since the time of *Rennyo*.

(*Japanese-English Buddhist Dictionary* (Revised Edition), p. 331)

(42) Kyogyoshinsho (The True Teaching, Practice, and Realization)

(p. 40)

Because of the importance of *Kyogyoshinsho* in the Jodo Shinshu teachings, the work also came to be referred to as "Basic Scriptures" and "Basic Text." (p. 54)

正信偈の英訳を浄土真宗本願寺派のお経の現代語訳(藤井(監修)(1999: 15-16))と *The Collected Works of Shinran* を比較してみる. 原文の漢文を現代日本語に翻訳したものと英訳との翻訳は1言語間の翻訳と2言語間の翻訳であるがともに解釈的類似性を利用して原文に近い形で翻訳というコミュニケーションの作業をしている.

(40) では正信偈 Shoshinge (The Gatha of True Shinjin and the Nem-

butsu) と Gatha を用いており，この語はもとはゾロアスター教の聖典を指す語である．(43) では Hymn を用いて，これは元はギリシャ語の賛美歌を表している．お経をどのように考えるかによる訳の違いであろうか．Shinjin, Nembutsu ともともと日本語のものがそのまま英語で借用語として使用されている．これは Concept echoing であり，音の類似性を利用している．

(43)　正信偈
Hymn of True Shinjin and the Nembutsu
(Jodo Shinshyu Hongwanji-Ha (1997) *The Collected Works of Shinran*, p. 69)

• [原文] 帰命無量寿如来
[読み下し文] 無量寿如来に帰命し，
[現代語意訳] 阿弥陀如来への帰依をあらわす
はかりしれない寿命と，人知およばぬ (藤井 (監修) (1999)『浄土真宗本願寺派のお経』p. 15)
英訳　I take refuge in the Tathagata of Immeasurable Life!

• [原文] 南無 不可思議光
[読み下し文] 不可思議光に南無したてまつる．
[現代語意訳] 光明をそなえた阿弥陀如来に帰依したてまつる
英訳　I entrust myself to the Buddha of Inconceivable Light!

• [原文] 法蔵菩薩因位時
[読み下し文] 法蔵菩薩の因位のとき
[現代語意訳] 阿弥陀如来の心を仰ぐ
その昔，阿弥陀如来が法蔵という菩薩であったとき，
英訳　Bodhisattva Dharmakara, in his causal stage,

- ［原文］在世自在王仏所

  ［読み下し文］世自在王仏の所にましまして，

  ［現代語意訳］世自在王仏のもとで

  英訳　Under the Guidance of Lokesvararaja Buddha,

7.5.5.　おわりに

関連性理論では仏教に関する翻訳も以下のようなさまざまな類似性として分析が可能である．

- Resemblance in sound―借用語の例

  Amida 阿弥陀　英訳　Amida　　　　　　　（稲垣（編集）（1995: 2））

  Jinen 自然　英訳　jinen

- Resemblance in syntactic or lexical form の例

  Amida butsu 阿弥陀仏　英訳　Amida Buddha Cf. Amida, the Buddha

  Jinen 自然　英訳　all-naturalness, Naturalness

- Resemblance in propositional content（命題内容の類似性）の例

  Amida kyo 阿弥陀経：英訳　Smaller Sutra, Smalller Sutra of Immeasurable Life

  Jinen 自然　英訳　Perfect Completeness

参考：市販の日英翻訳ソフトによる仏教用語の翻訳可能性について

　市販されている翻訳ソフトを用いて仏教用語のような専門用語の翻訳がどれくらい可能かをすこし，検討した．日本語の話しことばの自動翻訳など，国立国語研究所などデータベース化して研究が進んでいるが，仏教用語など，専門用語の実際の翻訳は今後，国際会議とか仏典の翻訳とかの場で，必要となる基礎的作業である．一般の英和，和英辞典と，このような翻訳ソフトとはどのような違いがあるか，また，仏教用語の見出し語自体

第 7 章　翻訳と仏教　　　　105

がこれらの翻訳ソフトには存在するのか．日常語化している，仏教用語か
ら来た語である，大げさ，とか玄関とか，大丈夫とかの語源などの情報も
辞書化する場合にどこかにのっていてほしいと考えている．市販されてい
る日英翻訳ソフトを利用して，仏教用語を検討してみた．使用するソフト
は以下のものである．翻訳ソフトの値段は安い順では次のようになる．
（なお，機能面でこの値段どおりになるかは問題である．）

　参考：　本間猛（2009: 23）有料ソフトの翻訳能力の実際　日本語学
28-12

　　i)　英国／日英翻訳本格翻訳6　ソースネクスト　3,970 円（税込）
　　　　収録語数 338 万語，日英辞書 191 万語，専門辞書 12 分野 75 万
　　　　語
　　ii)　ATLAS　英日／日英翻訳ソフト翻訳パーソナル 2007 富士通
　　　　（CD・ROM-2007）
　　　　（Windows）¥9,240（税込）アトラス〉収録語数 266 万語，日英
　　　　辞書 133 万語
　　iii)　コリャ英和！一発翻訳 2009for Win　標準価格 9,800 円（税込）
　　　　収録語数 484 万語，うち英国辞書 277 万語
　　iv)　英日／日英翻訳ソフト翻訳ジェット高電社 10,290 円（税込）
　　　　収録語数 227 万語，日英 127 万語
　　v)　Cross language　英日・日英翻訳ソフト翻訳ピカイチ Plus 2009
　　　　（Windows）　14,800 円（税込）収録語数 232.1 万語，日英辞書
　　　　126.3 万語
　　vi)　東芝，英日／日英 The 翻訳 2009 ビジネス価格は 17,640 円（税
　　　　込）．
　　　　総辞書語数 484 万語，搭載用例 15 万例文

以下は機能面での順序として一般的な英語表現から日本語への翻訳をこれ
らの翻訳ソフトを使用して比較検討したものである．

106   II　ケーススタディー

1.　英語の普通の文の和訳の検討

1.1.　〈例文1：　英語の with 句を伴う文の和訳〉

英語例文　**The boy saw the girl with the flowers.**

翻訳ソフト名＋和訳例

　i)　本格翻訳：少年は花によって女の子に会いました.

　ii)　アトラス：少年は花をもっている少女を見た.

　ii)　コリャ英和：少年は花を持っている少女を見ました.

　iv)　翻訳ジェット：少年は花によって女の子に会った.

　v)　翻訳ピカイチ：男の子は，花で女の子に会いました.

　vi)　The 翻訳：少年は，花を持った少女に会いました.

　i) では，英語の前置調 with を道具の意味に解釈した間違いと，動詞saw は「見たと解釈するところを「会った」と誤訳しているので，日本語としてまったく意味不明でした．With 句はここでは〈所有〉を表すので，the girl with the flowers は「花をもってる女の子」の意となるが，誤訳では〈道具（あるいは手段）〉を表すものとして解釈されている．道具のwith 句はたとえば，1 cut meat with a knife. 肉をナイフで切ったのような場合であり，知識として，花は望遠鏡などと違い〈道具〉とは通例解釈しない.

　ii) では，正しく和訳された．iii) も，正しく和訳された．iv) i) と同じ間違いである．v) i) iv) と同じく，with, saw の間違いでした．vi) with は所持・所有の意味に正しく和訳されているが，saw は「会いました」と誤訳している.

　コメント：ソフトの値段の順に安いものから高いものへと i) ... vi) へと並べてある．英文の和訳の精度に関しては安いほうの i), ii) は正確な日本文となっているが，高いほうの iv) v) は一番やすい i) と同様に，ひどい日本語訳となっていて，使用できないレベルであった．値段が高いから英文和訳の精度がいいとは言えないことが分かる.

第7章　翻訳と仏教　　107

　ここからは，日本語で仏教用語を入力して，それぞれの翻訳ソフトがどのような英訳をするかを検討してみる．1）仏教用語（名詞表現のみ）の英訳，2）仏教用語を含む単文の英訳．

仏教用語を含む日本文の英訳の検討

　市販されている翻訳ソフトにより，仏教用語などどれだけ翻訳可能かを検討し，分析を加えてみよう．

〈例文2：　仏教用語を含む日本文の英訳〉

日本語例文	他力とは阿弥陀仏の本願力のことをいう

　i）のように〈他力〉のみは翻訳可能だが，文となり「他力とは阿弥陀仏の本願力のことをいう」となると翻訳不可能なもの，〈他力〉を ii）では an intercession, ii）v）the outside help, iv）salvation from without, vi）help from without となっている．構文も，日本語の「… とは … のことをいう」という定義文であるが，英語は i）iv）は受け身 be called（呼ばれている），v）call A B（A を B と呼ぶ），ii），vi）は means（意味する）という動詞部分の違いが見られる．以下では，このような基本データをいくつか検索して，それぞれのソフトの精度とともに，仏用語を含む文「他力とは阿弥陀仏の本願力のことをいう」がどれだけ正確に英訳可能かを検討してみる．

翻訳ソフト名＋翻訳例

　　i）　本格翻訳：「他力」the outside help 他力とは阿弥陀仏の本願力のことをいう全体は翻訳不可

　　ii）　アトラス：The long-cherished desire power of Amida France is called an intercession.

　　ii）　コリャ英和：Help from without means this will1power of Amitabha

　　iv）　翻訳ジェット：The long cherished desire power of the Amitabha Buddha is called salvation from without.

v) 翻訳ピカイチ：1 call this power of the Original vow of Amida of the Amitabha the outside help

vi) he 翻訳：Help from without means this willpower of Amitabha.

「他力」は仏教の専門の英訳では次のようになっている．

a. *Japanese-English Buddhist Dictionay* (Revised Edition) 1999, p. 349 では The power of the other, i.e., Amida と英訳されている．

b. Gach (2004) p. 213 では，tariki, "other-power" と英訳されている．

c. Jodo Shinshu Guide (2002), p. 42 では Shinran remarked, "My shinjin and Master Honen's are one. If shinjin was a matter of self-centered effort, (self-power, jiriki), then there would, of course, be a great difference in wisdom and in the depth of the Nembutsu experience. But since the shinjin based on "Buddha-centered power" (Other Power, tariki is received from Amida Buddha, there could not be any difference." となり，"Buddha-centered power" (Other Power, tariki) とさらに，わかりやすく説明的に英訳されている．

d. Cocktai, Masao Kodani, Senshin Temple Publications (1992: 91)

Tariki 他力 the power other Power, i.e. the power of Amida Buddha. The Power of Truth-Reality to transformus when our illusions/delusions are seen.

e. 真宗用語英訳グロッサリー (1995: 120)

Amida's Power, His grace and power, Other Power, Other-Power, other-power, Power of Another

f. *Key Words in Buddhism* (2006)

Tariki Reliance on powers outside oneself or seeking salvation from outside assistance.

Used by PURE LAND Buddhists to describe salvation through faith and devotion to the personification of the absolute manifested in the AMIDA Buddha.

g. *A Record in Lament of Divergences: A Translation of The Tannisho* (Second Edition) (2005), p. 60

Other Power 他力 tariki.   Amida's compassionate working of bringing all being to birth in the Pure Lang. p. 63 self-power 自力 jiriki.   To seek to attain enlightenment by accumulating merits through one's own limited efforts; contrasted with Other Power, the power of Amida's Primal Vow.

コメント：この〈他力〉というキーワードの英訳がうまくいけば，翻訳ソフトによる英訳ももうすこし，理解できるものとなりそうに思えるが，現時点での翻訳ソフトのほぼすべてが，英訳では，理解が不可能である．

仏教用語の翻訳可能性について

他力本願 Primal Vow that is Other Power

以上を考えて試訳は次のようになる；翻訳ソフトの開発では日本語の仏教関係の専門辞書にまずはアクセスできて，さらに，下位区分として，浄土真宗の用語などを選択できる必要がある．さらに，構文の解析でも x とは Y のことをいうは 'X is defined as Y' 'X refers to Y' などもうすこし，多様な構文への英訳の変換が必要である．

日本語例文：他力とは阿弥陀仏の本願力のことをいう

英訳 〈東森試訳〉

(a) Tariki (or Other Power) is defined as the Primal Vow Power of Amida Buddha.

(b) Tariki refers to the Buddha-centered Primal Vow Power.

第 8 章

翻訳の残された諸問題

　日英語の翻訳について日本語では「上り車線，下り車線」と中心地への接近を垂直的に上下でとらえるが，アメリカ英語では，inbound lane, outbound lane と中と外，と入れ物的にとらえるなど，日英 2 言語間では認知的な違いで説明が可能と思われるものも多くある．また，「黄砂」を yellow dust blown over from China by a gust of wind と yellow dust だけでは伝わらないので語用論的に追加翻訳する場合もある．成句や idiom の英訳も 1 つの成句に対して複数の英訳があることが多いので問題である．擬音語擬態語の翻訳の問題（改田（2007））や固有名詞，たとえば，京都の寺，金閣寺の英訳が Kinkakuji Temple, Kinkaku Temple, Golden Pavilion などいくつかの変化形がある．翻訳の形式，原典に忠実な翻訳（faithfulness）など，多くの問題があるが，ここでは，以下で少し気づいたことを述べたい．

8.1. 日本文化独特な表現の英訳

（1）　このあたりを攻めることはその偉大なかたに<u>弓をひく</u>ことにな

111

112 　　　　　Ⅱ　ケーススタディー

　　　　ります　　　　　　　　　　　　　　　　　　（ブッダ1巻，p. 93）

英訳　By attacking this land, you draw your sword against him.

　　　　　　　　　　　　　　　　　　　　　　　　　　（Vol. 1, p. 95）

(2)　見ろっ　この町からカピラヴァストウの城はもう目と鼻の先！

　　　　　　　　　　　　　　　　　　　　　　　（ブッダ1巻，p. 94）

英訳　Look from here, the castle is a mere hop, skip and a jump.

　　　　　　　　　　　　　　　　　　　　　　　　　　（Vol. 1, p. 95）

(3)　ひきょうもヘチマもあるか　いくさは生死をあらそうんだぞ

　　　なにをしてもいいんだつ　　　　　　　　　（ブッダ1巻，p. 168）

英訳　All's fair in love and war. Fight dirty if you like, kid … come

　　　on.　　　　　　　　　　　　　　　　　　　（Vol. 1, p. 170）

(4)　大臣が目の中に入れてもいたくないほどのひとり娘さ

　　　　　　　　　　　　　　　　　　　　　　　（ブッダ1巻，p. 233）

英訳　She's the vizier's only child. He'd gradly die for her.

　　　　　　　　　　　　　　　　　　　　　　　　　　（Vol. 1, p. 235）

(5)　ゆきはよいよいかえりはこわい

　　　こわいながらもとおりゃんせとおりゃんせ　（ブッダ2巻，p. 24）

英訳　Row Row Row Your Boat

　　　Gently Down the Stream　　　　　　　　　（Vol. 1, p. 268）

(6)　あんなにオミコシかつぐからだ　　　　　　（ブッダ2巻，p. 24）

英訳　I blame the wind ride we gave her.　　　（Vol. 1, p. 268）

(7)　わしは霊能者　あなたの心を読みとるぐらい朝メシ前じゃ

　　　　　　　　　　　　　　　　　　　　　　　（ブッダ2巻，p. 195）

英訳　I have psychic powers. Reading a chid's mind is as easy as pie.

　　　　　　　　　　　　　　　　　　　　　　　　　　（Vol. 2, p. 41）

第 8 章　翻訳の残された諸問題　　113

8.2.　日本語方言の英訳の問題

8.2.1.　大阪弁

(8)　はーい例の転校生の春日歩さんです.

（以下，あずまんが大王 1, p. 29）

英訳　Here's the new student, Ayumu Kasuga.

(9)　おー大阪人や

春日歩といいます

英訳　Wow, the Osakan!

I'm Ayumu Kasuga.

(10)　よろしくおねがい

英訳　Nice to meet you.

(11)　だめだめ

英訳　No, not like that.

そんな気をつかって普通の言葉でしゃべらなくていいから！

英訳　Relax! Speak like yourself!

(12)　よろしゅーたのみまんがなーでいいよ

英訳　You can say "Yo, how you doin'?" if you want.

(13)　大阪ってマックの事　ホントにマクドって言うの？

（以下，あずまんが大王 1, p. 30）

英訳　In Osaka, you call MacDonald's "Mickey D's"?

(14)　うんみんなホンマにマクドゆーよ？

英訳　Yeah, we call it Mickey D's.

(15)　痔ってなあ　　　　　　　（以下，あずまんが大王 1, p. 84）

英訳	Hey, you know about hemorrhoids …

… え？

What the-?!

(16) よーひらがなで「じ」やなくて「ぢ」って書くやんかあー

英訳	You know people call it hemorrhoids, but some people call it the roids.

(17) 普通「ち」に点々なんか使わへんよなあー

英訳	Which one is correct?

(18) そんでこの前辞書で調べたら「痔」も「じ」になっとったんよー

英訳	If I look it up in the dictionary, would it be under hemorrhoids or roids?

(19) X / 1999

The accent/dialect of Osaka and the greater Kansai region, for example, is very popular in all Japanese media and for the purposes of manga translation has, when not eliminated from the pose altogether (e.g. Love *Com), been variously transformed into a New York accent (e.g., ADV Manga's edition of Azumanga Daioh) or a US southern accent (Brienza (2016: 117))

(footnote 5: A professional translator of Japanese to English from Britain has told me that, in her view, the Osaka accent/dialect is closest to a Welsh accent in English.)

ここで大阪弁の翻訳にはウェールズ方言が近いのではと指摘がされている.

8.2.2. 京都弁

京都弁については，第2章の ghost hunt の用例参照.

第 8 章 翻訳の残された諸問題 115

8.2.3. 沖縄方言 (ことわざ) の翻訳

(20) アイコー (＝蟻)，ヌ (＝が) ムッチン (＝持っても，運んでも)，
ヒナユン (＝減る)　　　（島袋 (1983)『諺に見る沖縄の心』, p. 11)

英訳 Even a large fortune can be used up little by little as a bag of sugar is consumed by ants. (Even an ant can help us carry things).

(参)（日) 千里の道も一歩よりなる

塵も積もれば山となる

英訳 A little leak will sink a great ship.

(わずかな水漏れが，大船を沈めることがある)

(21) イチャリバー (＝出逢えば)，チョーデー (＝兄弟 (姉妹) だ)
（島袋 (1983) p. 32)

英訳 Once we meet and talk even by chance, we are brothers and sisters.

(参)（日) 袖触れ合うも他生の縁

英訳 Even a chance meeting is due to the Karma in previous life.

(22) イーブー (＝とびはぜ)，サーニ (＝で)，タマン (＝鯛を) チュ
ン (＝釣る)　　　　　　　　　　（島袋 (1983) p. 35)

英訳 Use a mudskipper (＝mudfish) to catch a porgy.

(参)（日) 雑魚で鯛を釣る

エビで鯛を釣る

英訳 Throw a sprat to catch a mackerel (or herring or whale).

(さばを捕らえるためにいわしを投げる)［または，にしん，または，く
じら］

8.3. へてくそな日本人英語の英訳

(23)　イット・イズ・ア・ハット！

(『ベスト・オブ対訳サザエさん 赤版』, p. 48)

英訳　ITTO IZU AH HATTO!

8.4. 早口言葉の英訳

(24)　となりの柿はよく客食う柿だー　　　(あずまんが大王1, p. 112)

英訳　How much chuck would a wood-chuck wood if a chuck-wood would chuck wood.

8.5. 決まり文句（定型句）の英訳

(25)　体育祭はお遊びなんて甘い考えで足をひっぱらない様に！

(あずまんが大王1, p. 118)

英訳　This sports festival is serious business!　Everyone here <u>pulls their own weight</u>.

8.6. 日本語環境 → 英語環境へのスライド

8.6.1. 日本語環境（英語）→ 英語環境（スペイン語）

(26)　… to horses in the English language than to any other animal, dogs in included　　　(あずまんが大王1, p. 24)

スペイン語訳　"---y los gatos son incluidos en la especie de fe-line …"

日本語原文が英語の部分をスペイン語に翻訳されている.

第 8 章　翻訳の残された諸問題　　　117

(27)　はい，よくできました！ 後藤君は最近がんばってるわねえ

(あずまんが大王 1, p. 24)

英訳　Good job, Goto! I can tell you you've studying more.

はい，夏休みに家族でアメリカに行くので．

(28)　英語やっておこうと …　　　　　　　　(あずまんが大王 1, p. 24)

英訳　Thanks. I'm studying hard because …

… I'm going to Spain soon!

日本語原文で「英語」が英訳ではスペインにいくことになっている．

8.6.2.　有名な地名

Adaptation: This involves changing the cultural reference when a situation in the source culture does not exist in the target culture. (Munday (2012: 89))

サザエさんでは日本語原文の「清水の舞台」が英訳では Niagara Falls になっている．

(29)　死んだ気になって皆でホテルにゴハン食べにいこうって !!

(サザエさん Vol. 12, p. 61)

英訳　They said let's eat at at a hotel as though there's no tomorrow.

ちがうよ，清水のブタイからとんだつもりでだヨ !!

英訳　No, as though we're jumping off Niagara Falls!

8.6.3.　有名な人名，日本特有の動植物

(30)　ホーホケキョ　　　　　　　　(サザエさん Vol. 12, p. 148)

英訳　Cuck-oo!

118   II ケーススタディー

日本語原文でうぐいすの鳴き声が英訳ではカッコーとなっている.

8.7. 反転されたイメージの問題

ブッダの英訳では左右の表記が反対. これは, 初期のマンガ翻訳では, 日本語と英語でページのめくり方の違いによる.

(31) チャプラ!! きさまなぜ右手で戦わん いつギッチョになった？
(ブッダ1巻, p. 191)

英訳 Chapra!! You aren't using your shield enough!
Have you forgotten your lessons?   (Vol. 1, p. 193)

(32) チャプラッ ボヤボヤするなつ その右手に剣を持ちかえろ
つ！   (ブッダ1巻, p. 192)

英訳 Chapra,wield the sword with your swollen hand!
(Vol. 1, p. 193)

(33) 左のコーナー ウンブッタの子ビンデイカ両者ここに王杯をか
けて武勇を競うなり   (ブッダ1巻, p. 222)

英訳 In the near corner, Vindika, son of Umbhabuddha! They shall
compete for the king's cup in bouts of skill and valor.
(Vol. 1, p. 224)

また, 日本語のオリジナル版と英語版とは, 表紙デザインが異なる場合もある.

8.8. 日本語のアバウトな表現, 英語は具体的表現

(34) 総合点でチャプラの勝ち越し！ チャプラの勝利であります

第 8 章　翻訳の残された諸問題　　　119

(ブッダ 1 巻, p. 245)

英訳　Vindika: 2 points.
Chapra: 3 points.
The winner is Chapra.　　　(Vol. 1, p. 247)

8.9.　英訳で日本語と異なる内容に変更

(35)　七日目一行はやっとカピラヴァウスト城に帰りついた
(ブッダ 2 巻, p. 25)

英訳　Seven hours later, they finally arrived back at the castle.
(Vol. 1, p. 268)

(36)　その矢をつかえ　おじけづいたガキにはそのオモチャが似合っ
てる …　　　(ブッダ 2 巻, p. 54)

英訳　We'll use these, since you insist on playing around.
(Vol. 1, p. 298)

(37)　ヒマラヤだと？　　　(ブッダ 2 巻, p. 69)

英訳　What are you crazy?　　　(Vol. 1, p. 312)

8.10.　（　）によるオリジナルの説明箇所の英訳

(38)　ここはサーナ（織物業者の町）です　　　(ブッダ 2 巻, p. 34)

英訳　This is the textile district.　　　(Vol. 1, p. 278)

(39)　ここがヴェサス（商店街）ですわい　　　(ブッダ 2 巻, p. 34)

英訳　And this is where merchants sell their wares.　　　(Vol. 1, p. 278)

120   II ケーススタディー

8.11.　仏教思想の英訳の問題点

(40)　死んだらどうなるのかしりたいです.

アアン？

ム<u>じゃ</u>　　　　　　　　　　　　　　　　　　（ブッダ2巻, p. 191）

英訳　When we die, what happens?

Oh, that?

<u>NOTHING.</u>　　　　　　　　　　　　　（Vol. 2, p. 41）

(41)　無じゃ　つまりなんにもなくなるってことじゃ

（ブッダ2巻, p. 191）

英訳　<u>That is to say, everything disappears.　Nothing remains.</u>

（Vol. 2, p. 41）

8.12.　婉曲表現の日本語と翻訳

英語では die と直接言わないで，pass away などを用いる婉曲表現があるが，日本語の婉曲表現がいかに英訳されるかを島村と駒子の会話をみてみると.

(42)　「<u>なにしたらおしまいさ</u>. 味気ないよ. 長続きしないだろう.」

「そう. ほんとうにみんなそうだわ. 私の生まれは港なの. ここは温泉場でしょう.」　　　　　　　　　　　　（川端『雪国』p. 22）

日本語原文　「なにしたらおしまいさ. 味気ないよ. 長続きしないだろう.」の日本語の「なにしたらおしまいさ」を直訳すると,

英訳1　Friendship will be over if you have an affair.［仮定法現在の使用した場合］

英訳2　Friendship would be over if you had an affair.［仮定法過去を使用した場合］

第 8 章　翻訳の残された諸問題　　　　121

ここでは affair は，「情事，浮気」(love affair) の意となる．

日本語の表意：「つかのまの情事，それだけのこと．味気ないよ．

長続きしないだろう」

英訳3　"An affair of the moment, no more. Nothing beautiful about it.

You know that—it couldn't last."

Cf. http://home.att.ne.jp/yellow/townsman/SnowCountry_1.htm

8.13.　翻訳とコードシステムの限界

翻訳を推論を用いないコードシステムとして分析するには限界がある．

(43)　a.　職場の先輩—one's senior colleague

　　　b.　人生の先輩に敬意を払う—show respect to one's elders

　　　c.　先輩，お願いがあるんですが—Excuse me, but will you do
me a favor!

(以上『ジーニアス和英辞典』第 3 版，p. 1003)

コードシステムで，一対一に翻訳を説明する立場では「先輩」が (a) se-
nior，(b) elder，(c) 対応表現なしとなり，うまくいかないので，翻訳に
は知識を用いて，推論なども考慮した関連性理論が有効であると思われ
る．先輩の翻訳にはすでに外行語でも述べた sempai という英訳もあり，
和英辞典もこのあたりの記述が必要である．

8.14.　訳語の問題

(44)　Society is, therefore, entitled by all means consistent with hu-
manity to discourage, and even to punish the idle.

福沢諭吉訳　故に，人間交際の道を全せんには，懶惰を制して之
を止めざる可らず．或は

之を罰するも亦仁の術と云う可し

 柳父章訳 社会は，だから，人道にかなったあらゆる手段で，怠惰な人をおさえ，罰しさえもする権利を与えれている（柳父（1982: 7））［下線は筆者］

Society の訳語を福沢諭吉は「交際」「人間交際」「交」「国」「世人」などさまざまに訳し分けている．日本には当時，「国」とか「藩」ということばはあったが，個人を単位とする人間関係を表すことばはなかったので，福沢は，「人間関係」という訳語を考えた．「社会」という訳語が一般化されるまでには長い道のりがあったことが分かる．英和辞典を作っていると，このような多様な訳語の必要性を痛感する．訳語そのものも詳しく検討することは重要な問題である．

お わ り に

　ここでは，翻訳の現状と未来を最新の翻訳事情をみながらまとめてみましょう．

1．Amazon Polly による翻訳について

言語	女性	男性	サンプルテキスト
英語	Joanna	Joey	Hello. Do you speak a foreign language? One language is never enough.
デンマーク語	Naja	Mads	Hej. Taler du et fremmed sprog? Et sprog er aldrig nok.
ポルトガル語（ブラジル）	Vitória	Ricardo	Oi. Você fala algum idioma estrangeiro? Somente um idioma nunca é bastante.
スペイン語	Penélope	Miguel	Hola. ¿Hablas algún idioma extranjero? Un solo idioma no es suficiente.
アイスランド語	Dóra	Karl	Halló, Hæ talar þú erlent tungumál? Eitt tungumál er aldrei nóg.

(https://aws.amazon.com/jp/polly/)

コミュニティー FM「Banana FM」を運営するエフエム和歌山（和歌山市）が，人工知能（AI）技術を使ったラジオ放送を 2017. 7 月に始めた．米 Amazon Web Services（AWS）の AI サービス「Amazon Polly」を活用し，ニュースや天気予報を自動で読み上げるという（http://www.itmedia.co.jp/news/articles/1708/01/news106.html）．

　Amazon Polly は，多言語の音声読み上げ可能な翻訳であり，すでに 24 時間ニュースをかなり自然な音声で読むことで知られている．今後は，これまでは人間が入力していた音声アナウンスが，たとえば，駅の構内の

アナウンスなど多言語によるものが，このような AI を用いた翻訳による
ものが拡大し，近いうちに，人間のアナウンサーに取って代わる可能性が
ある．

2. VoiceTra による翻訳

話しかけると外国語に翻訳してくれる音声翻訳アプリです．ダウンロー
ド，利用もすべて無料です．31 言語に対応し，見やすい画面で操作も簡
単，翻訳結果が正しいかどうかも確認できます．旅をより一層楽しくする
ため，来訪外国人をおもてなしするため，音声通訳による翻訳機として使
用できます（https://play.google.com/store/apps/details?id＝jp.go.nict.voicetra&hl
＝ja）．

VoiceTra を用いて，以下の（1）-（4）まで日本語から英語に翻訳してみ
ました．

(1) ここはどこですか？ → 英語：Where am I?

(2) この本はいくらですか？ → How much is this book?

(3) 忖度てなんですか？ → What is a profit?［「損得ってなんですか？」
と間違って翻訳している．「利益とは何ですか」の英訳］

(4) 忖度ってなんですか？ → What is?［「忖度」は分からなくて翻訳から
は抜けている．「なんですか」の英訳］

(1)(2) は正しく翻訳できるが，(3)(4) の忖度（そんたく）がでてくる
と，(3) では損得と聞き間違えて翻訳で，(4) では忖度がわからなくて，
「なんですか？」だけの翻訳となっている．オリンピック 2020 年で，多
言語の翻訳ができるには，さらなる進化が求められる．

3. その他

3.1. 映画のタイトルの翻訳

(5) Night at the Museum → 和訳 ナイトミュージアム（原題の直訳：ミュージアムの夜）

(6) 崖の上のポニョ → 英訳 *Ponyo* on the Cliff *by the Sea*（英訳：海のそばの崖にいるポニョ）

(7) 魔女の宅急便 → 英訳 Kiki's Delivery Service

witch は「魔女」だが，老婆の魔女で，マイナスイメージを持つので直訳は避けたようである：

> witch : **1** a woman who is supposed to have magic powers, especially to do bad things **2** informa an insulting word for a woman who is old or unpleasant (https://www.ldoceonline.com/ dictionary/ witch).

(5) の英語タイトルから日本語翻訳への場合には前置詞が問題であり，(6) 日本語タイトルから英訳では by the sea が追加して訳されている．(7) では witch's delivery service とすると，「老婆で魔女でわるいことをする」と暗に述べることになり，直訳はさけている．

3.2. 絵本の翻訳

(8) Where the Wild Things Are『かいじゅうたちのいるところ』

the wild things はもとは「野蛮な生き物」の意であるが，ここでは「かいじゅうたち」と小さい子どもでもわかる日本語訳となっている

(9) but Max stepped into his private boat and waved goodbye and

126

sailed back over a year and in and out of weeks and through a
day and into the night of his very own room where he found
his supper waiting for him and it was still hot.

(Maurice Sendak, *Where the Wild Things Are*)

和訳　しかし，マックスはさっさとふねにのりこんで，さよならとて
をふった．1しゅうかんすぎ，2しゅうかんすぎ，ひとつきふた
つきひがたって，1ねんと1にちこうかいすると，いつのまにや
ら，おかあさんにほうりこまれたじぶんのしんしつ．ちゃんと
ゆうごはんがおいてあって，まだほかほかとあったかかった．

(じんぐうてるおやく)

子どもの絵本では，子どもが理解しやすいように「おかあさんにほうりこ
まれた」を補って訳しているし，hot を「ほかほかと」と擬音語で，同じ
音のくりかえしで音として楽しめるように工夫している．なぜか over a
year を「1ねんと1にち」と音のひびきのいいように訳されている．

3.3. 竹村 (2013: 26-32)『般若心経は英語で読むとよくわかる』

(10)　舎利子

色不異空　空不異色

色即是空　空即是色

大意　舎利子よ！

「形あることは，なにもないことと異ならない」

「なにもないことは，形あることと異ならない」

「形あることは，そのまま，なにもないことである」

「なにもないことは，そのまま，形あることである」

英訳　Yo, Sariputra, listen up!

Form is nothing more than emptiness.

Emptiness is nothing more than form.

おわりに 127

Form is exactly emptiness.

Emptiness is exactly form.

次は般若心経の現代日本語訳と英訳——柳澤（2004: 2, 34）であるが，同じく下線部が原文にない情報を語用論的に拡充して，英訳されている．

(11) 原文 観自在菩薩

行深般若波羅蜜多時

照見五蘊皆空

現代語訳 すべてを知り

覚った方に謹んで申し上げます

聖なる観音は求道者として

真理に対する正しい智慧の完成をめざしていたときに

宇宙に存在するものには

5つの要素があることに気づきました．

英訳 Who freely perceives all things,

practicing the perfect wisdom,

cast the light of perception on the five

elements that compose all worlds

and saw that they are all emptiness.

3.4. 大阪弁の翻訳

Palter（1995: 18）では，大阪弁と英訳を以下のようにしている．

大阪弁 なんでこの本の一番最初に，こんなアホな言葉入れたん？
お前ら，アホやなあ．

英訳 Why did you put such a stupid word at the beginning of
this book? You guys are pretty stupid.

（大阪弁訳「法華経」制作委員会（2017: 27–28）『大阪弁訳法華経』

128

データハウス)

　第2章方便品では，日本語標準語から大阪弁へ同じ言語間の翻訳の例
として示している．

(12)　爾時世尊．従三昧．安詳而起．告舎利弗．
　　　爾の時に世尊，三昧より安詳として起って，舎利弗に告げたま
　　　わく，その時釈迦は，瞑想からゆっくりと目を覚まし舎利弗に
　　　言った．

　　　大阪弁　みんなの気持ちが1つになったんを見計らって，わて
　　　　　　は目を覚ました．ほいでから，舎利仏に向こて，言った
　　　　　　んや．

(13)　諸仏智慧．甚深無量．其智慧門．難解難入．
　　　諸仏の智慧は甚深無量なり．其の智慧の門は難解難入なり．
　　　もろもろの仏の智慧は膨大であり深くて計り知れない．其の智
　　　慧の門は理解して体得するのがものすごく難しい．

　　　大阪弁　「仏の知恵ちゅうんは，ホンマに意味が深くて，とても
　　　　　　はかることがでけへんもんや．」

(14)　一切声聞．辟支仏．所不能知．
　　　一切の声聞・辟支仏の知ること能わざる所なり．すべての仏の
　　　教えを聞いた人や仏弟子でもこれを理解することはできない．

　　　大阪弁　せやから，めっちゃ賢い弟子でも，わかる者はおらんの
　　　　　　や．ましてや，アンタの頭で考えて，わかるもんやない
　　　　　　ねん．」

　　　　　　(http://eastkawarabukiar.wiki.fc2.com/wiki/%E6%96%B9%E4
　　　　　　%BE%BF%E5%93%81%E7%AC%AC%E4%BA%8C)

3.5.　塚田 (2017: 14)『日本国憲法を口語訳してみたら』

以下は日本語の書き言葉から話し言葉への翻訳の例である.

(15)　第一条　天皇は，日本国の象徴であり日本国民統合の象徴であつて，この地位は，主権の存する日本国民の総意に基く.

　　　口語訳　第一条　この国の主権は，国民のものだよ．というわけで一番偉いのは俺たちってこと．天皇は日本のシンボルで，国民がまとまってるってことを示すためのアイコンみたいなものだよ．

3.6.　島袋 (1983: 55)『諺に見る沖縄の心』

以下は沖縄の言葉と英訳の例である.

(16)　（沖縄の言葉）Kirama mishi ga machige miran
　　　慶良間列島は見えるが，睫毛は見えない

英訳　Though we can see the distant Kerama Islands, we can't see our own eyebrows.

参考　（日本語）灯台もと暗し

　　英訳　The nearer the church, the farther from God.
　　　　　It is dark at the base of a candle.

3.7.　手続き的意味と翻訳

言語表現が，世界の状況を記述したものが概念的意味で，計算のための情報を記号化したものが手続き的意味 (procedural meaning) である (Blakemore (1992))．関連性理論では英語や日本語の談話つなぎ語 (*well, but, actually, I mean, you know, like* などや日本語のやはり，だから，あの，えーとなど) 頭の中でどのように処理しているかを示す手続き的意味と考える．手続き的意味の日英語での比較検討など，興味深い翻訳に関するトピックである.

日本語：「やっぱ」の英訳例.

(17) やっぱやなやつ！

ラーメン食う？

おごるわ

英訳 I *do* hate him

Want to go out for noodles?

My treat! (OL, p. 18)

(18) やっぱそうでもないかな

英訳 He's not so bad, *after all* (OL, p. 18)

英語：*LIKE* の和訳の例.

(19) JUNO: No, I can call myself. Oh, but I do need your help
with something. It's, *like*, critically important. (*Juno*, p. 24)

和訳 ジュノ： いや，自分でやれるよ．でも，とっても手伝ってもら
いたいことがあるんだ．それは，そうだな，めちゃめちゃ大事
なことなんだ．

英語：*I MEAN* の和訳の例.

(20) JUNO: Whoa! You're quite the sellout, Mark. *I mean*, what
would the Melvins say? (*Juno*, p. 84)

和訳 ジュノ： すっごーい！ マーク，ほんとに売れてるね．メルヴィ
ンズは何て言うかな？

関連性理論で2文をつなぐ談話つなぎ語（like, I mean, after all など）
は聞き手に2文の関係理解を計算する情報を信号として与えていると考
える（Wilson (2012: 25-30); cf. Carston (2002: 164)）．

参 考 文 献

秋本弘介（2000）『英語のことわざ』創元社，大阪.

荒井良二（2004）『にせことわざずかん』のら書店，東京.

安藤邦男（2012）『東西ことわざものしり百科』春秋社，東京.

アンドリュー NDR114(1999) *Bicentennnial Man*, Columbia Pictures.

池上嘉彦（2006）『英語の感覚・日本語の感覚〈ことばの意味〉のしくみ』日本放送協会，東京.

池田弥三郎・ドナルド＝キーン（監修）（1982）『日英故事ことわざ辞典』Asahi Evening News，東京.

池田勇諦・中西智海（2006）『傍訳　原書で知る仏典シリーズ　歎異抄，正信偈・和讃』四季社，東京.

稲垣久雄（編集）（1995）『真宗用語英訳グロッサリー』龍谷大学仏教文化研究所，京都.

井上史雄（2012）「日本語の世界進出──グーグルでみる外行語」『外来語研究の新展開』おうふう，東京.

今井邦彦（監訳）（2014）『語用論キーターム事典』開拓社，東京.

大阪弁訳「法華経」制作委員会（2017）『大阪弁訳法華経』データハウス，東京.

奥津文夫（2000）『日英ことわざの比較文化』大修館書店，東京.

奥津文夫（2008）『ことわざで英語を学ぶ：文法・表現・文化』三修社，東京.

大塚高信・高瀬省三（編）（1978）『英語諺辞典』三省堂，東京.

大島希巳江（2016）『笑える英語のジョーク百連発！』研究社，東京.

改田昌直（2007）『マンガで楽しむ英語擬音語辞典』研究社，東京.

亀田尚巳・青柳由紀江・J. M. クリスチャンセン（2015）『日英ことばの文化事典』丸善，東京.

勝崎裕彦（1992）『仏教ことわざ辞典』北辰堂，東京.

河原清志（2017）『翻訳等価再考：翻訳の言語・社会・思想』光洋書房，京都.

桐渓順忍・神子上恵龍・藤原凌雪（監修）（1972）『和訳註解　親鸞教全集』教育新潮社，東京.

金田一春彦（監修）（2004）『小学生のまんがことわざ辞典』学研，東京.

金田一秀穂（2014）『小学ことわざ・四字熟語辞典』学研，東京.

北原保雄（編）（2007）『ことわざ成句使い方辞典』大修館書店，東京.

北村孝一・武田勝昭（1997）『英語常用ことわざ辞典』東京堂出版，東京．

栗田功（2006）『ガンダーラ美術にみるブッダの生涯』二玄社，東京．

小林章夫・ドミニク=チータム（2005）『イングリッシュ・ジョークを愉しむ』ベレ
　　出版，東京．

里中哲彦（2008）『一日一分半の英語ジョーク』宝島社，東京．

島袋善光（1983）『諺に見る沖縄の心』島袋善光，那覇．

尚学図書編（1986）『故事ことわざの辞典』小学館，東京．

鈴木大拙（2005）『対訳　禅と文化』講談社インターナショナル，東京．

杉田敏（2001）『ビジネスで使えることわざ』講談社，東京．

曽根田憲三・ケネス=アンダーソン（1987）『英語ことわざ用法辞典』大学書林，東
　　京．

竹村日出男（2013）『般若心経は英語で読むとよくわかる』みやび出版，川崎．

武田勝昭（1992）『ことわざのレトリック』海鳴社，東京．

田中章文（2013）『日英ことわざ散歩』吉備人出版，岡山．

Tanaka, Kenneth K.（2010）『アメリカ仏教：仏教も変わる，アメリカも変わる』
　　武蔵野大学出版会，東京．

辻本敬順（1984）『仏教用語豆事典』本願寺，京都．

塚田薫（2017）『日本国憲法を口語訳してみたら』幻冬舎文庫，東京．

寺澤盾（2016）『英単語の世界』中公新書，東京．

張福武（2007）『五カ国語共通のことわざ辞典』慧文社，東京．

手塚治虫（2007）『手塚治虫のブッダ：救われる言葉』光文社，東京．

手塚治虫（2014）『手塚治虫のブッダ：いかにして救われるか実践講座』光文社，
　　東京．

時田昌端（1999）『図解日本のことわざ』河出書房新社，東京．

時田昌端（2000）『岩波ことわざ辞典』岩波書店，東京．

時田昌端（2004）『岩波いろはカルタ辞典』岩波書店，東京．

時田昌端・安藤友子（2017）『学校で使いたいことわざ』大修館書店，東京．

戸田豊（編）（2003）『現代英語ことわざ辞典』リーベル出版，東京．

豊田一男（2003）『英語しゃれ辞典』研究社，東京．

中村元ほか（編）（2004）『岩波仏教辞典』（第2版）CD-ROM 版，岩波書店，東京．

中野弘三ほか（監修）（2015）『最新英語学・言語学用語辞典』開拓社，東京．

長野格・デービッド=マーテイン（2008）『サラ川グリッシュ』講談社，東京．

橋本テツヤ（2006）『ことわざびじん』太陽出版，東京．

早川勇（2006）『英語になった日本語』春秋社，東京．

早島大英（1999）『浄土真宗本願寺派のお経』双葉社，東京．

原口庄輔・原口友子（1998）『新「国際日本語」講座』洋販出版，東京．

早坂信（編）（1989）『中学生のための英語ジョーク集』開隆堂，東京．

参考文献

馬場雄二（2000）『和英ことわざ遊字図鑑』仮説社，東京．

東森勲（1998）「借用語と関連性理論」『神戸女学院大学論集』45(1)，1-28．

東森勲（2006）「仏教用語の英訳と関連性理論」『龍谷大学仏教文化研究所紀要』第45集，1-19．

東森勲（2008）「仏教に基づくことわざの関連性理論による分析」『龍谷大学仏教文化研究所紀要』第47集，1-22．

東森勲（2010）「日英翻訳ソフトによる仏教用語の翻訳可能性について」『龍谷大学仏教文化研究所紀要』第49集，1-29．

東森勲（2011）『英語ジョークの研究－関連性理論による分析』開拓社，東京．

東森勲（2012）「仏教と翻訳可能性について：関連性理論による分析」『龍谷学会論集』57-118．

東森勲（2014）「日本語から英語への借用語と意味変化について：関連性理論による分析」『龍谷大学国際社会文化研究所紀要』299-336．

東森勲（2015）「手塚治虫『ブッダ』（BUDDA）英訳の研究：関連性理論による分析」『龍谷大学仏教文化研究所紀要』第54集，17-52．

東森勲（2016）「日英語のことわざの語用論的等価を求めて」『龍谷大学グローバル教育推進センター研究年報』第25号，63-86．

東森勲（2017）「ジョークにおける言語表現の選択と解釈」『発話の解釈はなぜ多様なのか』，中島信夫（編），147-163，朝倉書店，東京．

東森勲（編）（2015）『メタ表示と語用論』開拓社，東京．

東森勲（編）（2017）『対話表現はなぜ必要なのか』朝倉書店，東京．

東森勲・吉村あき子（2003）『関連性理論の新展開』研究社，東京．

廣澤隆之（2004）『図解雑学仏教』ナツメ社，東京．

Mikihiro Forncrook（2017）『英語にない日本語』河出書房新社，東京．

藤井正雄（監修）（1999）『浄土真宗本願寺派のお経』双葉社，東京．

古谷三郎（2006）『諺で学ぶ英文法』白帝社，東京．

本間猛（2009）「有料ソフトの翻訳能力の実際」『日本語学』28(12)．

丸山孝男（2002）『英語ジョークの教科書』大修館書店，東京．

丸山孝男（2005）『英語脳はユーモア・センスから』ベスト新書，東京．

丸山孝男（2007）『英語ジョーク見本帖』大修館書店，東京．

皆川三郎（監修）（1997）『英語のことわざ江戸いろはカルタ』（修正版），泰文堂，東京．

森真紀（2004）『悪妻盆に帰らず』まどか出版，東京．

森真紀（2005）『日本語ごっこ』まどか出版，東京．

ヤタワラ・パンニャラーマ（監修）（2013）『手塚治虫の『ブッダ』と学ぶ：もう迷わない生き方』実業之日本社，東京．

柳澤桂子（2004）『生きて死ぬ智慧』小学館，東京．

柳父章（1982）『翻訳語成立事情』岩波新書，東京．

山田弘（2008）『中学英語で「日本のことわざ」が紹介できる』エール出版社，東京．

山口百々果（1999）『和英日本ことわざ成語辞典』東京：研究社，東京．

山本忠尚（監修）（2007）『日英比較ことわざ辞典』創元社，大阪．

割田剛雄（2012）『仏教ことわざ辞典』パイインターナショナル，東京．

Aarons, Debra (2012) *Jokes and the Linguistic Mind*, Routledge, London.

Adachi, Reito (2012) *A Study of Japanese Animation as Translation: A Descriptive Analysis of Hayao Miyazaki and Other Anime Dubbed in English*, Dissertation.com, Florida.

Allot, Nicolas (2010) *Key Terms in Pragmatics*, Continuum, London.

Alves, Fábio and José Luiz V. R. Gonçalves (2003) "A Relevance Theory Approach to the Investigation of Inferential Processes in Translation," *Triangulating Translation: Perspectives in Process Oriented Research*, ed. by Fábio Alves, 3–24, John Benjamins, Amsterdam.

Alves, Fábio, José Luiz V. R. Gonçalves and K. S. Szpak (2012) "Identifying Instances of Processing Effort in Translation through Heat Maps: An Eye-tracking Study Using Multiple Input Sources," *Proceedings of the First Workshop on Eye-Tracking and Natural Language Processing* 5–20.

Alves, Fábio, José Luiz V. R. Gonçalves and K. S. Szpak (2014) "Some Thoughts about Conceptual/Procedural Distinction in Translation: A Key-logging and Eye-tracking Study of Processing Effort," *Mon TI Special Issue: Minding Translation, Con la traduccion en mente.* ed. by R. Munoz Martin, 151–175, Publicacones de la Universided de Alicante, Alicante.

Alves, Fábio and José Luiz V. R. Gonçalves (2015) "Investigating the Conceptual-procedural Distinction in the Translation Process: A Relevance-Theoretic Analysis of Micro and Macro Translation Units," *Interdisciplinarity in Translation and Interpreting Process Research*, ed. by M. Ehrensberger et al., 109–126, Benjamins, Amsterdam.

Ayto, John (2013) *Oxford School Dictionary of Word Origins*, Oxford University Press, Oxford.

Baker, Mona (1992) *In Other Words*, Routledge, London.

Benenson, Fred (2015) *How to Speak Emoji*, Ebury Press, London.

Blakemore, Diane (1992) *Understanding Utternaces*, Blackwell, Oxford.

Blyth, R. H. (1942) *Zen in English Literature and Oriental Classis*, Hokuseido, Tokyo.

参考文献　　　　　　　　　　135

Boutwell, Clay and Yumi (2010) *Kotowaza: Japanese Proverbs & Sayings*, Kotoba Books, Tokyo.

Brienza, Casey (2016) *Manga in America*, Bloomsbury, London.

Cacciari and Gluckberg (1991) "Understanding Idiomatic Experessions : The Contribution of Word Meaning," *Understanding Word and Sentence*, ed. by G. B. Simpson, 217–240, Elsevier, Amsterdam.

Carston, Robyn (2002) *Thoughts and Utterances: The Pragmatics of Explicit Communication*, Blackwell, Oxford.

Chiaro, Delia (1992) *The Language of Jokes: Analysing Verbal Play*, Routledge, London.

Clark, Billy (2013) *Relevance Theory*, Cambridge University Press, Cambridge.

Collins, Harry (1992) 101 *American English Proverbs: Understanding Language and Culture through Commonly Used Sayings*, Passport Books, New York.

De Mente, Boye Lafayette (2004) *Japan's Cultural Code Words*, Tuttle, North Clarendon, Vermont.

Evans, Toshie M. (1997) *A Dictionary of Japanese Loanwords*, Greenwood Press, Connecticut.

Frapolli, Maria Jose and Robyn Carston (2007) "Introduction: Representation and Metarepresentation," *Saying, Meaning, Referring: Essays on the Philosophy of François Recanati*, ed. by M.-J. Frapolli, Palgrave Macmillan, London.

Gach, Gary (2004) *The Complete Idiot's Guide to Understanding Buddhism*, Alpha Books, New York.

Galef, David (1987) *Japanese Proverbs: Wit and Wisdom*, Tuttle, Tokyo.

Giroux, Joan (1974) *The Haiku Form*, Tuttle, Tokyo.

Goatly, Andrew (2012) *Meaning and Humour*, Cambridge University Press, Cambridge.

Gutt, Ernst-August (1991) *Translation and Relevance: Cognition and Context*, Blackwell, London.

Gutt, Ernst-August (2000[2]) *Translation and Relevance: Cognition and Context*, St Jerome, Manchester.

Hasegawa, Yoko (2012) *The Routledge Course in Japanese Translation*, Routledge, London.

Hawkins, Bradley K. (2004) *The Pocket Idiot's Guide to Buddhism*, Alpha Books, New York.

Hearn, Lafcadio (1972) *Kokoro: Hints and Echoes of Japanese Inner Life*, Tuttle, Tokyo.

Helta, Pal (2008) "The Performance of Relevance Theory in Translation Studies," *Relevant Worlds: Current Perspectives on Language, Translation and Relevance Theory*, ed. by Ewa Wałaszewska, Marta Kiseilewska-Krysiuk, Aniela Korzeniowska and Malkorzata Grzegorzewska, 156-170, Cambridge Scholars Publishing, Cambridge.

Higashimori, Isao (2006) "Proverb Variation and Jokes: A Relevance-theoretic Account," 33rd Annual LACUS Conference 2006 (カナダ・トロント大学にて発表).

Higashimori, Isao (2009) "Jokes and Metarepresentations: Definition jokes and Metalinguistic Jokes," *LACUS FORUM XXXVI* (Claremont Graduate University, Pitzer College) CD-ROM, http://www.lacus.org/volumes/36/208_higashimori_i.pdf

Higashimori, Isao (2011) *"But/Yet/However* in English Jokes: A Relevance-theoretic Account," *Marqueurs discursifs et subjectivité* Rouen: Publications des Universites de Rouen et du Havre, ed. by Sylvie Hancil, 209-224. ISBN978-2-87775-519-1

Hongwanji International Center (2002) *Jodo Shinshu: A Guide*, Hongwanji Shuppan, Kyoto.

Hrisztaqlina Hrisztova-Gotthardt, Melitq Aleksa Varga, eds. (2014) *Introduction to Paremiology: A Comprehensive Guide to Proverb Studies*, Walter De Gruyter, Berlin.

Iglesias, Manuel Hernandez (2010) "Ad Hoc Concepts and Metaphor," *Explicit Communication: Robyn Carston's Pragmatics*, ed. by Belen Soria and Esther Romeo, 173-182, Palgrave Macmillan, London.

Inagaki, Hisao (1991) *A Glossary of Zen Terms*, Bushodo Publications, Tokyo.

Japanese-English Buddhist Dictionary (Revised Edition) (1999) 大東出版, Tokyo.

Inose, Hiroko (2012) "Translating Japanese Onomatopoeia and Mimetic Words in Manga into Spanish and English," *Forum Translationswissenschaft Japanese-English Buddhist Dictionary* (Revised Edition) (1999), 大東出版, Tokyo.

Jodo Shinshyu Hongwanji-Ha (1997) *The Collected Works of Shinran* Vols. I, II, Hongwanji, Kyoto.

Lakoff, George and Mark Johnson (1980) *Metaphor We Live By*, University of Chicago Press, Chicago.

Litovkina, Anna Tothne (2014) "Behind Every Man who Lives within His Income is a Wife who Doesn't. The Figure of Wife as Revealed through An-

参考文献　　　　　137

glo-American Anti-Proverbs," *Erudito-Education* 9, 26–47.

Loveday, Leo J. (1996) *Language Contact in Japan: A Sociolinguistic History*, Clarendon Press, Oxford.

MacWilliams, Mark Wheeler (2000) "Japanese Comics and Religion: Osamu Tezuka's Story of Buddha," *Japan Pop!: Inside the World of Japanese Popular Culture*, ed. by Timothy J. Craig, 109–137, Routledge, London.

Mieder, Wolfgang (1989) *American Proverbs: A Study of Texts and Contexts*, Peter Lang, Berlin.

Mieder, Wolfgang and Anna Tothne Litovkina (2002) *Twisted Wisdom: Modern Anti-Proverbs*, DeProverbio.com, Tasmania.

Miner, Earl (1979) *Japanese Linked Poetry*, Princeton University Press, New Jersey.

Munday, Jeremy (2008/2012) *Introduction to Translation Studies: Theories and Applications*, Rougtledge, London and New York.

Muschard, Jutta (1999) "Jokes and Their Relation to Relevance and Cognition or Can Relevance Theory Account for the Appreciation of Jokes?" *Zeitschrift fur Anglistik und Amerikanistik* 47(1), 12–23.

Nae, Niculina (2004) "Markedness, Relevance and Acceptability in Translation," *Forum of International Development Studies* 26, 103–114.

Natsume Soseki (1969) *Kokoro*, translated by Edwin McClellan, Tuttle, North Clarendon, Vermont.

Newmark, Peter (1988) *A Textbook of Translation*, Prentice-Hall, London.

Noh, Eun-Ju (2000) *Metarepresentation: A Relevance-Theory Approach*, John Benjamins, Amsterdam.

Palter, David C. and Kaoru Slotsve (1995) *Colloquial Kansai Japanese*, Tuttle, Tokyo.

Ptaszynski, Marcin (2004) "On the (Un)Translatability of Jokes," *Perspectives: Studies in Translatology* Vol. 12, No. 1, 176–193.

Radden, Günter and Zoltán Kovecses (1999) "Towards a Theory of Metonymy," *Metonymy in Language and Thought*, ed. by Klaus-Uwe Panther and Günter Radden, 17–59, John Benjamins, Amsterdam.

Romeo, Ester and Belen Soria (2010) "Phrasal Pragmatics in Robyn Carston's Programme," *Explicit Communication: Robyn Carston's Pragmatics*, ed. by Belen Soria and Esther Romeo, 183–216, Palgrave, London.

Safian, Louis A. (1967) *The Book of Update Proverbs*, Abelard-Schuman, London.

Sato, Hiroaki (1983) *One-Hundred Frogs—From Renga to Haiku in English*,

Weatherhill, Boston.

Schaffner, Christina (2004) "Metaphor and Translation: Some Implications of a Cognitive Approach," *Journal of Pragmatics* 36, 1253-1269.

Sequeiros, Xosé Rosales (2002) "Interlingual Pragmatic Enrichment in Translation," *Journal of Pragmatics* 34, 1069-1089.

Sequeiros, Xosé Rosales (2005) *Effects of Pragmatic Interpretation on Translation: Communicative Gaps and Textual Discrepancies*, Lincoln, Munich.

Setton, Robin (1999) *Simultaneous Interpretation: A Cognitive-Pragmatic Analysis*, John Benjamins, Amsterdam.

Soria, Belen and Esther Romero (2010) *Explicit Communication: Robyn Carston's Pragmatics*, Palgrave, London.

Sperber, Dan and Deirdre Wilson (1986, 1991[2]) *Relevance: Communication and Cognition*, Blackwell, Oxford.

Sperber, Dan and Deirdre Wilson (2008) "A Deflationary Account of Metaphor," *The Cambridge Handbook of Metaphor and Thought*, ed. by R. W. Gibbs, 84-108, Cambridge University Press, New York.

Stanlaw, James (1987) "Japanese and English: Borrowing and Contact," *World Englishes* 6(2), 93-109.

Steiner, G. (1975) *After Babel:Aspects of Language and Translation*, Oxford University Press, London.

Schwieter, John W. and Aline Ferreira (2017) *The Handbook of Translation and Cognition* (Blackwell Handbooks in Linguistics), Blackwell, Oxford.

Taylor, J. and J. Littlemore, eds. (2014) *The Bloomsbury Companion to Cognitive Linguistics*, Bloomsbury, London.

Tendahl, Markus and Raymond W. Gibbs, Jr. (2008) "Complementary Perspectives on Metaphor: Cognitive Linguistics and Relevance Theory," *Journal of Pragmatics* 40, 1823-1864.

Trimmell, Edward (2004) *Tigers, Devils and Fools: Guide to Japanese Proverbs*, Beechmond Crest Publishing, Ohio.

Urdang, Laurence and Frank R. Abate, eds. (1988) *Loanwords Dictionary* (*First Edition*), Gale Research Company.

Urios-Aparisi, E. (2009) "Interaction of Multimodal Metaphor and Metonymy in TV Commercials: Four Case Studies," *Multimodal Metaphor*, ed. by Charles J. Forceville and Eduardo Unios-Aparisi, 95-117, Mouton de Gruyter, Berlin.

Vega Moreno, Rosa E. (2007) *Creativity and Convention: The Pragmatics of Everyday Figurative Speech*, John Benjamins, Amsterdam.

Vermes, Albert Peter (2003) "Proper Names in Translation: An Explanatory Attempt," *Across Languages and Cultures* 4(1), 89-108.

Wałaszewska, Ewa, ed. (2015) *Relevance-Theoretic Lexical Pragmatics*, Cambridge Scholars Publishing, Cambridge.

Wałaszewska, Ewa Marta Kisielewska-Krysiuk, Aniela Korzeniowska and Malgorzata Grezegorzewska, eds. (2008) *Relevant Words: Current Perspectives on Language, Translation and Relevance Theory,* Cambridge Scholars Publishing, Cambridge.

Wałaszewska, Ewa Marta Kisielewska-Krysiuk and Agnieszka Piskorska, eds. (2010) *In the Mind and Across Minds: A Relevance-Theoretic Perspective on Communication and Translation*, Cambridge Scholars Publishing, Cambridge.

Wałaszewska, Ewa et al., eds. (2012) *Relevance Theory: More than Understanding*, Cambridge Scholars Publishing, Cambridge.

Whorf, Benjamin Lee (1976) *Language, Thought and Reality*, MIT Press, Cambridge, MA.

Wilson, Deirdre (2000) "Metarepresentaion in Linguistic Communication," *Metarepresentations: An Interdisciplinary Persepctive*, ed. by Dan Sperber, 411-448, Oxford University Press, New York.

Wilson, Deirdre (2004) "Relevance and Lexical Pragmatics," *UCL Working Papers in Linguistics* 16, 343-360.

Wilson, Deirdre (2011) "Parallels and Differences in the Treatment of Metaphor in Relevance Theory and Cognitive Linguistics," *Intercultural Pragmatics* 8 (2), 177-196.

Wilson, Deirdre (2012) "Modality and Conceptual-Procedural Distinction," *Relevance Theory: More than Understanding*, ed. by Ewa Wałaszewska and Agnieszka Piskorska, 23-43, Cambridge Scholars Publishing, Cambridge.

Wilson, Deirdre and Robyn Carston (2006) "Metaphor, Relevance, and the 'Emergent Property' Issue," *Mind & Language* 21(3), 404-433.

Wilson, Deirdre and Robyn Carston (2007) "A Unitary Approach to Lexical Pragmatics: Relevance, Inference and ad hoc Concepts," *Pragmatics*, ed. by Noel Burton-Roberts, 230-259, Palgrave, London.

Woods, R. L. (1967) *The Modern Handbook of Humor*, McGraw-Hill, New York.

Yuasa, Nobuyuki (1987) "The Sound of Water: Different Versions of a Hokku by Basho," *The Translator's Art: Essays in Honour of Betty Radice*, ed. by William Radice and Barbara Reynolds, 231-240, Penguin, London.

Yus, Francisco (2003) "Humor and the Search for Relevance," *Journal of Prag-*

matics 35, 1295-1331.

Yus, Francisco (2008) "A Relevance-theoretic Classification of Jokes," *Lodz Papers in Pragmatics* 4(1), 131-157.

例文の出典

日英翻訳：

『あずまんが大王』1 あずまきよひこ（2000）東京：メディアワークス
　（翻訳：*Azumanga Daiho* Vol.1 Canada: A.D. Vision）

『OL 進化論』1 秋月りす（1991）東京：講談社インターナショナル〈OL〉
　（翻訳：*OL Revolution 1*（2005），講談社インターナショナル Translated by
　Jules Young and Dominic Young）

『ゴーストハント』1 いなだ詩穂原作，小野不由美（1998）東京：講談社
　（翻訳：*Ghost Hunt*（2006）London: Tanoshimi）〈GH〉

『X』第 1 巻　CLAMP（1992）東京：あすかコミック
　（翻訳：*X/1999 Preklude*（1996）Canada:Viz Communications

『対訳サザエさん 12』長谷川町子（2004）（講談社英語文庫）
　（翻訳：*The Wonderful World of Sazaesan* Volume 12 Tokyo: Kodansha Interna-
　tional Translated by Jules Young and Dominic Young）

『ベスト・オブ・対訳サザエさん白版』長谷川町子（2015）東京：講談社

『ベスト・オブ・対訳サザエさん青版』長谷川町子（2015）東京：講談社

『ベスト・オブ・対訳サザエさん赤版』長谷川町子（2015）東京：講談社

手塚治虫（1992）『ブッダ』第 1 巻カピラヴァストゥ　東京：潮ビジュアル文庫

手塚治虫（1992）『ブッダ』第 2 巻生誕　東京：潮ビジュアル文庫

手塚治虫（1992）『ブッダ』第 3 巻四門出遊　東京：潮ビジュアル文庫

手塚治虫（1992）『ブッダ』第 4 巻旅立ちの朝　東京：潮ビジュアル文庫

手塚治虫（1993）『ブッダ』第 5 巻ウルベーラの森　東京：潮ビジュアル文庫

手塚治虫（1993）『ブッダ』第 6 巻スジャータ　東京：潮ビジュアル文庫

手塚治虫（1993）『ブッダ』第 7 巻ダイバダッタ　東京：潮ビジュアル文庫

手塚治虫（1993）『ブッダ』第 8 巻鹿野苑　東京：潮ビジュアル文庫

手塚治虫（1993）『ブッダ』第 9 巻象頭山の教え　東京：潮ビジュアル文庫

手塚治虫（1993）『ブッダ』第 10 巻アジャセ　東京：潮ビジュアル文庫

手塚治虫（1993）『ブッダ』第 11 巻祇園精舎　東京：潮ビジュアル文庫

手塚治虫（1993）『ブッダ』第 12 巻旅の終わり　東京：潮ビジュアル文庫
　（翻訳：Tezuka, Osamu（2006）*Buddha* Volume One Kapilavastu. New York:
　Vertical.）

（翻訳：Tezuka, Osamu（2006）*Buddha* Volume Two The Four Encounters. New York: Vertical.）

（翻訳：Tezuka, Osamu（2006）*Buddha* Volume Three Devadatta. New York: Vertical.）

（翻訳：Tezuka, Osamu（2006）*Buddha* Volume Four The Forest of Uruvela. New York: Vertical.）

（翻訳：Tezuka, Osamu（2007）*Buddha* Volume Five Deer Park. New York: Vertical.）

（翻訳：Tezuka, Osamu（2007）*Buddha* Volume Six Ananda. New York: Vertical.）

（翻訳：Tezuka, Osamu（2007）*Buddha* Volume Seven Prince Ajatasattu. New York: Vertical.）

（翻訳：Tezuka, Osamu（2007）*Buddha* Volume Eight Jetavana. New York: Vertical.）

『となりのトトロ』1 宮崎駿 1988　東京：徳間書房〈Totoro〉
　（翻訳：*My Neighbor Totoro* 1 2004, San Francisco:VIZ LLC）
　（DVD『となりのトトロ』スタジオジブリ）〈トトロ〉

『千と千尋の神隠し』1 宮崎駿 2001　東京：徳間書房
　（翻訳：*Spirited Away* 1 2002, San Francisco: VIZ LLC）
　（DVD『千と千尋の神隠し』スタジオジブリ）

『魔女の宅急便』1 宮崎駿 1989　東京：徳間書房
　（翻訳：*Kiki's Delivery Service* 1,1989, San Francisco: VIZ LLC）
　（DVD『魔女の宅急便』スタジオジブリ）

『こころ』夏目漱石（1969）　東京：新潮社
　（翻訳：*Kokoro,* Translated by Edwin McClellan, Tuttle 1969）

金子大栄（1981）『嘆異抄』第 1 条　東京：岩波文庫
　（翻訳：A Record in Lament of Divergences: A Translation of The Tannisho (Second Edition)（2005）Kyoto: Hongwanji Press.）

『雪国』川端康成（1947）　東京：新潮社
　（翻訳：*Snow Country*, Translated by Edward G. Saidensticker, Tuttle 1956）

英日翻訳：

『ジュノ』2008　名古屋：スクリーンプレイ
　（DVD *Juno*, FOX）

『ミセス・ダウト』1996　名古屋：スクリーンプレイ
　（DVD *Mrs.Doubtfire*, FOX）

『ステュアートリトル』2000　名古屋：スクリーンプレイ

例文の出典　　　143

Sendak, Maurice (1963) *Where the Wild Things Are.* New York: Harper & Low.
（翻訳『かいじゅうたちのいるところ』じんぐうてるお 1975 富山房）
『インタビューフラッシュ日本編 1』(1993) William Wetherall　東京：アルク
『インタビューフラッシュ日本編 2』(1993) William Wetherall　東京：アルク
Mangazine, No. 70 (1997)

ジョークの用例：
Charney, Steve (2008) *Mr. Potato Head Unside Down Joke World.* New York:
　　Sterling Publishing.
Green, Jess (2013) *Best Kids Joke Book,* Vol.1, Kindle Book.
Howell, Laura (2003) *The Usborne Book of School Jokes.* London: Usborne.
Keller, Charles (1997) *Awesome Jokes.* New York: Sterling.
Keller, Charles (2006) *Best Joke Book Ever.* New York: Sterling Publishing.
Keller, Charles (1998) *Best Joke Book Ever.* London: Sterling.
Kim, Paul Sonny (2002) *Move your Mind!* Tokyo: Nova.
Myers, Robert (1995)*365 Knock-Knock Jokes.* New York: Sterling Publishing.
Random House Children's Books (2000) *The Funniest Joke Book in The World
　　Ever* 1. London: Red Fox. 〈*Funniest*〉
Takao Maruyama, Jim Knudsen (2010) *A Short Course in English Jokes.* Tokyo:
　　Nanundo.
Tibballs, Geoff (2006) *The Mammoth Book of Jokes.* London: Robinson.
Tibballs, Geoff (2011) *The Book of Senior Jokes.* London: Michael O'Mara
　　Books.
Tibballs, Geoff (ed.) (2012) *The Mammoth Book of One-Liners: Over 10,000
　　Short Jokes.* London: Running Press.
Top That (2002) *TRIFIC JOKES.* Suffolk: Top That.
Yoe, Craig (2001) *Mighty Big Book of Jokes.* New York: Price Stern Sloan.

使用した辞書類：
小西友七・東森勲 (2004)『プラクテイカル・ジーニアス英和辞典』東京：大修館
　　書店
小西友七・南出康世 (2006)『ジーニアス英和辞典』(第 4 版) 東京：大修館書店
南出康世・中邑光男 (1998)『ジーニアス和英辞典』(第 3 版) 東京：大修館書店
Oxford English Dictionary (First Edition) (1928) Oxford: Oxford University
　　Press.
OED (Second Edition) CD-ROM (1992) Oxford: Oxford University Press.
Burchifield, R. W. (1972–86) *Oxford English Dictionary. Supplement 2.* Oxford:

Oxford University Press.

Crowther, Jonathan (1995) *Oxford Advanced Learner's Dictionary of Current English (Fifth Edition)*. Oxford: Oxford University Press. ⟨*OALD⁵*⟩

Dalgish, Gerald M. (1997) *Random House Webster's Dictionary of American Enlgish*. New York: Random House. ⟨*Random House Webster's*⟩

Evans, Toshie M. (1997) *A Dictionary of Japanese Loanwords*. Connecticut: Greenwood Press.

Higgleton, Elaine (1995) *Harrap's Essential English Dictionary*. Edinburgh: Chambers Harrap. ⟨*Harrap's*⟩

Loveday, Leo J. (1996) *Language Contact in Japan: A Sociolinguistic History*. Oxford:Clarendon Press.

Murray, James A. H. and others (1928) *Oxford English Dictionary*. Oxford: Oxford University Press.

Murray, James A. H. and others (1933) *Oxford English Dictionary. Supplement 1*. Oxford: Oxford University Press.

Rideout, Philip M. (ed.) (1996) *The Newbury House Dictionary of American English*. Boston: Heinle & Heinle. ⟨*Newbury House*⟩

Procter, Paul (ed.) (1995) *Cambridge International Dictionary of English*. Cambridge: Cambridge University Press. ⟨*CIDE*⟩

Rideout, Philip M. (ed.) (1996) *The Newbury House Dictionary of American English*. Boston: Heinle & Heinle. ⟨*Newbury House*⟩

Sinclair, John (1995a) *Collin's Today's English Dictionary*. London: HarperCollins. ⟨*Collins*⟩

Sinclair, John (1995b) *Collins COBUILD English Dictionary (Second Edition)*. London: HarperCollins. ⟨*COBUILD²*⟩

Summers, Della (ed.) (1995) *Longman Dictionary of Contemporary English (Third Edition)*. London: Longman. ⟨*LDOCE³*⟩

Urdang, Laurence and Frank R. Abate (ed.) (1988) *Loanwords Dictionary (First Edition)*. Gale Research Company.

付録 1：翻訳実例

日本のアニメ翻訳例：日本語漫画をアメリカで英訳し販売している mangajin のサイトから 4 コマまんがの例

http://web.archive.org/web/20100913163140/http://www.mangajin.com/mangajin/samplemj/seishun/seishun.htm

EU23 か国語での多言語間の翻訳例：

http://www.europarl.europa.eu/multilingualism/trade_of_translator_en.htm

英語映画の日本語訳例：
　　http://www.screenplay.jp/eigo-kensaku/line

索　引

1. 日本語は五十音順に並べた．英語（で始まるもの）はアルファベット順で，最後に一括した．
2. ～は直前の見出し語を代用する．
3. 数字はページ数を示す．

[あ行]

挨拶　89
あいまい性の除去（disambiguation）　12
暑さ寒さも彼岸まで　42
荒井　57
池上　84
石の上にも三年　60
以心伝心　51
一を聞いて十を知る　41, 56
意図明示伝達　v
言わぬが花　48, 60
有頂天　100
映画のタイトル　125
英語ジョークの翻訳　vi
英語表意（TT Explicature）　12
英日翻訳　vi, 20
エコー的用法　27
枝豆　76
絵本　125
絵文字　75
婉曲表現　120
大阪弁　113, 127
大島　62

沖縄方言　115
奥津　44
音の類似性（Resemblance in sound）　9, 90, 104
音声・音韻的類似性（Resemblance in phonetic or phonological form）　9

[か行]

外行語　74
　～の翻訳　vi
解釈的用法（interpretive use）　2
我慢　100
河原　4
関係性理論に基づくアプローチ（Relevance-Theoretic approach to translation）　4
関連性　v
関連性理論　vi, 18
擬音語擬態語　111
記号化された概念（encoded concept）　29
決まり文句（定型句）　116
京都弁　114
金閣寺　111

147

句語用論 (phrasal pragmatics)　vi, 33
口は災いの元　50
玄関　89
原文作者 (the original author)　6
語彙語用論 (Lexical pragmatics)　vi,
　29
コードシステム　121
異なる言語間 (interlingual)　2
ことば遊び　83
　～の翻訳　vi
言葉によるコミュニケーション (verbal
　communication)　v
ことわざ　40
　～の拡張用法　52
語用論的拡充 (Pragmatic enrichment)
　92

[さ行]

サラリーマン川柳　84
自我　100
指示付与　14
島袋　129
自由な語用論的拡充 (free enrichment)
　16
正信念仏偈 (Hymn of True Faith)
　102
ジョーク　61
人工知能 (AI)　123
人名　117
推意 (implicature)　vi, 25
推意帰結 (implicated conclusion)　25
推意前提 (implicated premise)　25
推論　v
スペイン語　116
説明箇所の英訳　119
創造的ことわざ　54

創発的特性 (EMERGENT PROPER-
　TY)　33

[た行]

だじゃれ (PUN)　68
他力本願　109
談話つなぎ語　130
地名　117
直訳 (direct translation)　6
沈黙は金　49
手塚　86
手続き的意味 (procedural meaning)
　129
寺澤　23
出る杭は打たれる　45
伝達される概念 (communicated
　concept)　29
同一言語間 (intralingual)　2
同音異義語　69
等価性に基づくアプローチ (equiva-
　lance-based approach)　4
統語・語彙形式の類似性 (Resemblance
　in syntactic or lexical form)　9, 90
灯台もと暗し　57
時田　53
時田・安藤　57
豊田　54, 68

[な行]

二次的聞き手 (secondary audience)
　2
二次的コミュニケーション　2
日英語ことわざの翻訳　vi
日英翻訳　vi
　～ソフト　104

索　引　149

日本語のアバウトな表現　118
日本国憲法　129
日本語表意（ST Explicature）　12
日本語メタファー　19
日本特有の動植物　117
認知意味論　20
認知語用論（cognitive pragmatics）　v
祝詞　27

［は行］

俳句　86
橋本　57
早口言葉　116
反転されたイメージ　118
般若心経　126
被爆者　76
非明示的（implicit）　25
表意　vi
瓢箪から駒　58
複合概念（complex concepts）　33
福沢諭吉　121
複数の学問分野を用いた翻訳へのアプ
　ローチ（multidisciplinary approach）
　4
仏教　89
仏教思想の英訳　120
仏教用語　89
　〜の翻訳　vi
ブッダ　47
古池や蛙飛び込む水の音　84
へたくそな日本人英語　116
飽和（saturation）　13, 40
仏の顔も三度（まで）　44
煩悩　101
翻訳（translation）　2
翻訳可能性　66

翻訳された言語（target language）　2
翻訳されたテキスト（the translated
　text）　6
翻訳した人（translator）　2
翻訳借用（loan translation, calque）
　77
翻訳者は裏切り者（tradutorre
　traditore）　2

［ま行］

馬子にも衣装　58
魔女　125
マンガの英訳　vi
三つ子の魂百まで　43
命題内容の類似性（Resemblance in
　propositional content）　9, 93
メタ言語　65
メタファー　18, 19
メトニミー　17, 18, 23
もじり　52
もとの言語（source language）　2
森　57

［や行，ら行，わ行］

訳語　121
理論的ではない翻訳へのアプローチ
　（Non-theoretical approaches to
　translation）　3
類似性（resemblance）　2
ルースな言語使用　20
和食　75

［英語］

Ad hoc 概念形成　17

All roads lead to Rome.　57
Amazon Polly　123
Amazon Web Services（AWS）　123
Amplification　13, 14
Analysable-opaque idioms　37
Analysable-transparent idioms　37
Ayto　74
Blakemore　129
Brienza　114
Cacciari and Gluckberg　37
Carston　16, 130
Clark　27
Definition Jokes　73
edamame　76
ekiden　93
emoji　75
Evans　78, 96
futon　95, 98
geisha　79
Gutt　2, 4
Hasegawa　16
hibachi（火鉢）　78
hibakusha　76
Higashimori　53, 56
Interlingual (pragmatic) enrichment
　92
jodo　98
koban　93
Lakoff and Johnson　20
Litovkina　53
Mieder　53
Modulation　17
mokugyo　98
mondo　90
mu　90
Munday　17
mushin　90

Nae　2
nembutsu　90, 97
onaka　79
pragmatic equivalence（語用論的等価）
　vi
pragmatics　viii
Quasi-metaphorical idioms　38
Resemblance in propositional content
　9, 104
Resemblance in syntactic or lexical
　form　104
samurai　78
satori　90
Satsuma（薩摩）　78
Sequeiros　3
shinjin　90
Shinshu　95
Source Language = SL　12
Source Text = ST　12
Sperber and Wilson　v
Target Text = TT　12
tariki　100
thought　20
tofu　95
Translation and Cognition（翻訳と認
　知）　8
Translation and Interlingual Pragmat-
　ics Enrichment（翻訳と異なる言語
　間の語用論的拡充）　7, 8
Translation and Interpretive Resem-
　blance（翻訳と解釈的類似性）　8
Translation and Lexical Pragmatics
　（翻訳と語彙語用論）　7
Translation and Phrasal Pragmatics
　（翻訳と句語用論）　7
tsunami　78
tycoon　78

索　引　　　　　　　　　　151

Vega Moreno 7, 34
VoiceTra 124
washoku 75
Where the Wild Things Are 126

Wilson viii, 31, 130
witch 125
zabuton 96
Zen 96

著者紹介

東森　勲（ひがしもり　いさお）

龍谷大学文学部教授.
　主な著書・論文：『メタ表示と語用論』（編著，2015，開拓社），『英語のジョークの研究：関連性理論による分析』（2011，開拓社），"But/Yet/However in English Jokes: A Relevance-Theoretic Account"（*Marqueurs Discursifs et Subjectivite*, ed. by Sylvie Hancil, Publications des universités de Rouen et du Havre, 2011），"Jokes and Metarepresentations: Definition Jokes and Metalinguistic Jokes"（*LACUS FORUM XXXVI*, Claremont Graduate University, Pitzer College, CD-ROM, 2009），"Understanding Political Jokes: Are There Any Rhetorical and Cognitive Characteristics?"（*Proceedings: Selected Papers on CD-Rom Rhetoric in Society*, University of Leiden, 2009），など.

龍谷叢書 XLII

翻訳と語用論

ⓒ 2018 Isao Higashimori
ISBN978-4-7589-2256-2　C3080

著作者	東　森　　勲
発行者	武　村　哲　司
印刷所	日之出印刷株式会社

2018 年 3 月 10 日　第 1 版第 1 刷発行

発行所	株式会社　開　拓　社	〒113-0023　東京都文京区向丘 1-5-2 電話　（03）5842-8900（代表） 振替　00160-8-39587 http://www.kaitakusha.co.jp

JCOPY ＜出版者著作権管理機構 委託出版物＞
本書の無断複製は，著作権法上での例外を除き禁じられています．複製される場合は，そのつど事前に，出版者著作権管理機構（電話 03-3513-6969，FAX 03-3513-6979，e-mail: info@jcopy.or.jp）の許諾を得てください.